问道财务 决胜千里

财务先行，让利润"奔跑起来"

炼财务神功，挖掘企业"利润源泉"

问道财务　决胜千里

财务先行，正本清源"春暖起来"
激励务神功，控制企业"利润源泉"

问道财务

28招

提高利润的秘技

向杨 马郭亮 编著

西南财经大学出版社

SOUTHWESTERN UNIVERSITY OF FINANCE & ECONOMICS PRESS

前言

如今，金融危机的阴霾远未消去，许多人都以为 2009 年和 2010 年上半年的繁荣是 2008 年经济底谷的周期反转，但随之而来的持续通货膨胀以及 2010 年的欧美债务危机，却证实了那只是一次反弹而已。这又再一次使人们想起了危机爆发之初，美联储前主席格林斯潘所言：美国正陷于"百年一遇"的金融危机中……我不相信，一场"百年一遇"的金融危机不对实体经济造成重创，我认为这正在发生。

的确，如此严重的金融危机怎么可能单靠各国短期内的经济刺激就能够快速复苏？漫长的复苏过程会使大多数行业、大多数企业的日子都不怎么好过，订单减少、人力成本上升、融资困难、美元贬值、物价上涨……这些都侵蚀着企业的利润。没有利润，拿什么去生存？没有利润，拿什么去发展？没有利润，拿什么去承担社会责任？……

尽管企业的理财目标因视角不同而存在多种观点，但仔细想来，却不得不承认这些目标都殊途同归于财务利润的获取。那么，就利润而言，财务之道有几何？人们不禁要问：在当前这样一个微利时代，有没有什么方法可以帮助企业度过"百年一遇"的艰难时刻？有没有什么途径可以帮助企业多赚点过冬的钱？

本书主要基于市场营销和财务管理层面，从如何增加销售量、怎样合理定价、怎样控制成本等方面，提出了多种提高企业利润的方法和途径，如：怎样运用多品牌的差异化竞争战略？现代工艺对传统稻谷进行的深加工可以为企业带来多少附加值？怎样合理借助衍生金融之力帮助企业减少汇率损失？140个字的微博又是如何成为企业的广告手段？……

然而，与具体方法和途径相比，也许更有价值的是一些重要的观点，它们都是根据诸多企业的真实经验总结和提炼出来的。正所谓"思想决定行动"，本书的这些观念正是你所在的企业迫切需要的，真正地领悟它，定会让企业重新充满活力。这些观念包括：在获取利润之前必须忘掉利润、利润绝不等于速度、做企业也必须问政治、持续的利润出自精品、好产品都有一段好故事……所有的观念，在本书中都有鲜活的经典案例帮助你理解。

除此之外，如果通俗的文字和经典的案例还不足以使你举一反三、触类旁通的话，也大可不必焦虑，因为本书在理论方面的高度提炼很好地解决了这一问题。它能够帮助你从更高的层面去理解：为什么有些企业会成功，而有些企业会失败。这也构成了本书的另一个重要特点。相信这些深入浅出的理论讲解将起到提升读者认知高度的作用。

正如"经营之神"王永庆告诫人们的那样："卖冰激凌必须从冬天开始，因为冬天顾客少，会逼迫你降低成本，改善服务。如果能在冬天的逆境中生存，就再也不会害怕夏天的竞争。"而当前的金融危机，不正是为企业提供了一次从冬天开始"卖冰激凌"的机会吗？无论是"读万卷书"、"行万里路"，还是"阅人无数"、"名师指路"，都不如自己的"悟"；财务之道同样如此！

最后，在本书即将出版之际，我们对国家电网重庆南岸供电局财务资产部张肇红主任给予的大力支持表示衷心感谢！

编者

目录

秘技 1. 忘掉利润

"我也可以不发展自己的品牌和技术，一味地赚钱，为赚钱而赚钱，但是企业目标的设立与追求是另外一条路，企业家脑子里一定要很清楚这两者的区别。"

——联想集团名誉董事长　柳传志

经营企业的目的是什么？

有人可能会回答："为了赚钱！"

有人可能会说："为了股东创造价值！"

也有人会说："兴趣所在，喜欢经商！"

还会有人与时俱进地告诉你："是为了承担社会责任！"

……

评判这些观点并不是本书的目的所在，这些是那些研究者们所要探索的永恒话题。然而，不管是哪种观点，都离不开一个前提条件——赚取更多的利润。无论是为了股东和员工，还是为了国家，甚至为了整个社会中的相关利益者，获取利润才是经营企业的首要目的。没有利润，别指望股东回报；没有利润，别指望员工的薪酬保障；没有利润，也别指望对国家作出贡献……

"巧妇难为无米之炊"，尽管利润不是企业经营的唯一目的，但是没有利润，一切都只能是纸上谈兵。既然利润是实现其他目标的基础，那么获取利润的第一个秘技或者说第一要素又是什么呢？

我们在对数以百计的企业案例进行分析后，得到了一个也许会让很多人失望的答案——忘掉利润！这些企业涉及范围极为宽泛，既有十分成功的，也有非常失败的；既有国外企业，也有国内企业；既有古代的，也有现代的。

我们在分析后惊讶地发现，成功的公司之所以成功，其原因有很多，但忘掉利润却是最关键的；失败的公司之所以失败，原因还是由于企业家没有忘掉利润。本书在后面的阐述中，引用了大量真实的企业案例，其中，多数案例都印证了本节的结果与结论。

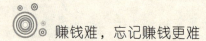 赚钱难，忘记赚钱更难

你可能会感觉很奇怪，明明是要探讨如何提高利润，为何一开始却在讲"忘掉利润"？没错，这确实是一本关于如何提高企业利润的书，之所以在这里首先就谈"忘掉利润"，是因为在企业经营中，比起创造利润、提高利润而言，"忘掉利润"才是最难做到的！但它又是关乎企业能否长期、持续生存与发展的关键所在，是我们无法回避的一个话题。纵观古今中外，所有真正意义上的企业家，没有一个企业家是以赚取利润而出名的！甚至有人说："只有忘掉利润，你才能够赚取利润；忘得越彻底，赚得自然也就越多。"

分众传媒是一家非常成功的广告传媒公司，创建于2003年，覆盖了中国超过3亿的都市主流群体。2005年7月成功登陆美国纳斯达克，成为海外上市的中国纯广告传媒第一股，并以1.72亿美元的募资额创造了当时的IPO纪录。2007年12月24日，分众传媒正式被计入纳斯达克100指数，成为第一个被计入纳斯达克100指数的中国广告传媒股。

截至2010年6月30日，分众在国内楼宇广告市场占有率超过90%；分众传媒在北京、上海、广州、深圳等城市的市场占有率均超过70%；2009年卖场广告市场占有率也超过90%。可以说分众传媒在该行业占据绝对领导地位。

在2009年公司年会上，分众传媒的创始人江南春是这样对待企业赚钱

的态度，他曾说"人生以服务为目的，赚钱顺便。当你把以服务为目的，创造消费者价值作为基点的时候，你赚钱是顺便的，是注定的。"

很多人并不理解，在如此竞争激烈的市场环境中，怎么可能顺便就把钱赚到手了呢？因为在现实中更多地听到的是完全相反的抱怨——"钱是越来越不好赚了"。

现实中为什么会有这种反差呢？

其实，江南春在上面的解释中，已经道出了其中的玄机。分众传媒成立的初衷并非只是单一的为了赚钱，而是把为顾客创造价值作为企业的使命。当顾客获得满意的服务和应有的价值时，他们是愿意付出金钱的，到那时，赚钱只是一个时间问题而已。江南春还用开面店来打比方，他说："如果在开一家面店的第一天就思考如何上市，那这家公司也就快倒闭了。一个成功的面店老板最应当思考的问题是，这碗面怎么做才好吃？怎么做才健康？这些才是关键所在。"

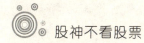

股神不看股票

众所周知，巴菲特被称为"股神"，享誉世界。1965—2006 年的 42 年间，巴菲特旗下的伯克希尔公司净资产的年均增长率达 21.46%，累计增长幅度为 361 156%；相比而言，同期标准普尔 500 指数成分公司的年均增长率为 10.4%，累计增长幅为 6479%。就连与他共进午餐的机会也在 2011 年拍出了 2 626 411 美元的高价。

多年来，全世界很多投资界人士都在不同场合问巴菲特类似的问题：

"请问一下你投资的秘诀是什么？"

"你是怎么知道这只股票会涨？"

"我买入一只股票后什么时候卖掉是最好的？"

"你认为中国概念股还有投资机会吗？"

……

这位八十多岁的老人并不会直接回答这些"经久不衰"的提问，而是在用一生的投资经历以及对人生的感悟，不断地重复这样的话："投资股票致富的秘诀只有一条，买了股票以后锁在柜子里等待，耐心的等待。"

人们听到这样的话后，都觉得匪夷所思，面面相觑，"我买了股票就是为了投资，为了赚钱，为了用于退休后的生活，为了子女的教育，怎么能将它锁在柜子里等？"一般投资人都是这样思考的。这些人每天关注消息、盯住大盘，心跳也随着股价一起跌宕起伏。还没到时间就迫不及待地守在电脑前等待开盘，而到收盘时又依依不舍地离开，可到最后，亏钱的还是占到大多数。

他们本以为像巴菲特这样的投资大师应该有一套自己的选股方法，能够敏感地把握新闻事件背后蕴含的机会与风险并随时关注股价变动，可出乎意料的是他却告诉人们，他几乎都不看大盘，只是了解每天的收盘价而已。

这又是什么缘故呢？其实，无论是分众传媒的江南春还是股神巴菲特，他们其实已经达到了比赚钱更高一层的追求。

@微博观点#忘掉利润#：【语录·杨致远：赚钱不是我们创业的原因】"我们创业的时候没有想到去赚钱，所以有了钱以后也没有说是达到目标。赚钱不是我们创业的原因，也不是我们到现在该走还是不该走的原因。有了足够的钱财，真正的好处就是给了我个人足够的时间、足够的能力去真正做我想要做的事情，我喜欢做的事情。"——雅虎创始人 杨致远

如果天天盯着企业利润，盯着那些财务指标，那实际上表露出这个企业家潜意识里害怕失去利润，导致他每天关注的重点不是如何创造客户价值，而是想方设法看到一张漂亮的财务报表，可到最后反而赚不了太多利润。

这就好比是一位平时成绩很好的优秀生，偏偏在关键的升学考试时败下阵来。人们习惯性的认为，这样的学生是由于考试紧张才会出现发挥失常的问题。然而，通过

分析就会发现，这部分学生往往都是一些把分数看得太重的人。一旦把分数看得太重，就会患得患失，并且会过多地关注分数的高低，而忽视了怎样去提高分数。

虽然赚钱与考试好像不相关，但都证实了"越想得到的，越不容易得到"这一简单的道理。因此，关于利润的第一条忠告就是：赚取利润之前，你必须得首先忘掉利润！

【商学院点拨——利润】

利润是指企业在一定会计期间的经营成果，利润包括收入减去费用后的净额、直接计入当期利润的利得和损失等。直接计入当期利润的利得和损失，是指应当计入当期损益、会导致所有者权益发生增减变动的、与所有者投入资本或者向所有者分配利润无关的利得或者损失。利润金额取决于收入和费用、直接计入当期利润的利得和损失金额的计量。

企业利润集中体现于利润表，它与企业的资产负债表、现金流量表和股东权益变动表一同被称为企业的四张主要财务报表，特别是利润表向报表使用者披露了企业的利润来源和构成，也反映了企业利润的计算方法。因为利润表分别披露了营业利润、利润总额和净利润，这三者也反映了企业计算利润的计算步骤。

①营业利润 = 营业收入 - 营业成本 - 营业税金及附加 - 销售费用 - 管理费用 - 财务费用 - 资产减值损失 + 公允价值变动收益（或 - 变动损失）+ 投资收益（或 - 投资损失）

其中：营业收入包括"主营业务收入"和"其他业务收入"；营业成本包括"主营业务成本"和"其他业务支出"。

②利润总额 = 营业利润 + 营业外收入 - 营业外支出

③净利润 = 利润总额 - 所得税费用

秘技2. "1 + 1 > 2"的赚钱法则

"女士们、先生们，其实我不做汉堡包业务，我的真正生意是房地产。"

——麦当劳的创始人　雷·克罗克

很多时候，一些企业家常常有这样的困惑，"我这个产品物美价廉，为何总是销不出去？""我们公司已经将这个产品降到了很低的价格，仅够保持企业的正常运营，为什么消费者还是觉得贵？"……

事实上，在当前这样一个竞争激烈的市场中，如果只是简单地把产品质量做好，不断地降低成本和售价，这还远远不够，还缺少另外一个东西——"卖点"或者"概念"。

如果说得严谨点，就是产品或服务的外在形式（或包装）。不要误解，这里所说的包装并不是简单的指产品的包装工艺设计，而是在这个产品或服务中体现出的能够吸引消费者的一个或几个特点。

名家与明星"卖青花瓷"的差别

什么是"1 + 1 > 2"的赚钱法则？这一法则最易懂的解释是两种要素的组合产生了大于自身简单相加的价值。如果说产品或服务本身的内在特质或差异是"1"的话，那么产品或服务的外在形式就是另一个"1"，在企业经营中，"1 + 1 > 2"赚钱法则就是产品内在特质与外在形式如果很好匹配的话，就会给企业带来额外的超过"2"的价值；相反，如果内在特质与外在形式不能较好匹配，就不会给企业带来可观的利润。

说到产品或服务的形式，让我们先来看看一个有关卖青花瓷的有趣案例，这个有趣案例的背后折射出来的正是 "1 + 1 > 2" 的赚钱法则的精髓。

马未都是我国一位著名的收藏家,他于 1996 年创立了新中国第一家私立博物馆——观复博物馆,并于 2008 年开始在《百家讲坛》开始主讲瓷器收藏,深受好评。同时,另一位在年轻人中颇受欢迎的流行歌手周杰伦,在 2008 年央视春晚上演唱了一首名为《青花瓷》的歌曲,广为流传。随后,青花瓷这样一个承载了中国浓厚历史文化的瓷器被越来越多的人所熟悉。可以说,这二位都功不可没。

但马未都随后出于对专业的敏感和严谨,发现了歌曲《青花瓷》中许多错误的用词,比如马未都认为"青花瓷自诞生之时迅速成为中国瓷器的霸主,700 年来无人撼动,可瓶底从未书写过汉隶,仅在明崇祯一朝某些青花器身偶尔写过隶书。"之后,他也与词作者方文山交流过该问题,并最后一致认为,流行歌曲作为一种通俗文化并不需要太严格的考究,仅是用了一种容易被大众接受和喜爱的方式来传递悠久的中国文化。

事实上,如果要对马未都和周杰伦二位就传播范围和传播深度的社会贡献做比较,毋庸置疑,肯定绝大多数人会选择周杰伦。因为多数人最初是从喜欢《青花瓷》这个首歌的旋律开始,慢慢才有更多的人想去了解青花瓷到底有着怎样的历史和故事,而这群人当中的大部分人在此之前仅对青花瓷文化一知半解,正是这首歌唤起了他们对青花瓷的好奇心。

如果我们用现代企业经营的视角去剖析马未都和周杰伦这一现象的话,他们实际上都在"卖"一种被称为文化的产品,衡量其销售业绩的唯一标准就是青花瓷被人们关注的程度或者叫青花瓷传播的程度。从销售业绩来看,毫无疑问,周杰伦更胜一筹,其原因就在于外在形式的差异,周杰伦采取了歌曲这种更容易被大众接受和流传的形式。

@微博观点#1＋1＞2的赚钱法则#：【语录·马未都：因谁更红？】"我说收藏，其实也是希望借此宣扬中国的历史和文化。而我在《百家讲坛》讲了十讲青花瓷，也不顶周杰伦唱一首《青花瓷》"——著名收藏家马未都

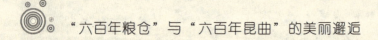

"六百年粮仓"与"六百年昆曲"的美丽邂逅

如果说名家与明星"卖青花瓷"只是个别现象，不可复制的话，那么我想提出另一个讨论话题，主题是"如何让一座快被废弃的官府粮仓盈利？"事实上，关于这一话题的讨论已经引进到了一些商学院的课堂中，它考验的是企业家的眼光和"财商"。

古人用"挂羊头卖狗肉"来形容表里不一，甚至欺诈，有贬义的意思。但现在应该重新审视这句话了，因为它已经成为产品营销中的一个重要策略，超越了古语原本的含义。正如下面"皇家粮仓"的做法一样，并没有欺骗消费者，而是转变了消费者在文化消费中的观念。

近年来，文化产业的发展遇到了极大的瓶颈，不仅事业性的文化单位经营效益不好，而且具有较高文化价值的艺术作品也逐渐失去了市场，其中大部分都是靠政府的"输血"和艺术家的热爱才使这些文化得以延续。

这里，不得不提到被称之为"百戏之祖，百戏之师"的昆曲，发源于14、15世纪苏州昆山的曲唱艺术体系，也是我国戏曲中最古老的曲种之一，曾受到毛泽东、周恩来等党和国家领导人的高度赞扬，周恩来还曾盛赞昆曲中的《十五贯》："一出戏救活了一个剧种。"2001年5月18日，联合国教科文组织在巴黎宣布昆曲入选第一批"人类口头和非物质遗产代表作"。

但就是这样一种蕴含丰富文化价值的戏曲由于其过于陈旧的唱词和情

节，却不被现代人认可和喜爱，逐渐淡出了人们的视野。然而，就这样一个看似已经没落的文化产品，难以想象它如今的票价最高可以卖到近 2000 元，甚至有时还一票难求。

这事还得从普罗艺术出品人王翔说起。2005 年的一天，王翔开车经过皇家粮仓，所在的南新仓是明清两代官府粮仓之一，当时他就被这有着 600 年历史的古粮仓吸引了，王翔随后以每年 200 万元租金取得了古粮仓 10 年使用权，并花费上千万元对其进行了改造和装修。恰巧 2006 年，又是一个偶然的机会，王翔接触到了一折昆曲《惊梦》，顿时被它的古韵所吸引，便产生了之后的"在 600 年的粮仓里演绎 600 年的昆曲"。

从 2007 年 5 月 18 日第一场演出至今，普罗艺术出品的厅堂版《牡丹亭》已上演 5 年，共演出 500 余场，票房收入超过 2000 万元，谁也没有想到，几年前这里还是百货公司堆放货物的地方。

在这里，除了可以欣赏到美轮美奂的昆曲外，还能在 600 年的粮仓中品尝到美食，就连杨振宁、于丹、陆川等知名人士也曾是这里的座上客，对大众的影响力和受喜爱程度可见一斑。

同样都是消费商务餐和观看《牡丹亭》，传统的营销思维都认为观看《牡丹亭》是主要目的，其次才是就餐饮食；而皇家粮仓却反其道而行之，先说成是用商务餐、谈生意，之后再把观看《牡丹亭》作为一种正常的业务款待，有别于一般的业务约谈。毕竟把一道菜做得符合消费者口味比把《牡丹亭》做得让消费者接受更容易，两种做法只是一个顺序问题而已，但效果却截然不同。

更何况，在心理学上，皇家粮仓的做法降低了观众对《牡丹亭》的心理预期。因为观看《牡丹亭》对一部分人来说，只是吃完商务餐、谈完生意后的一个休闲娱乐节目，心理预期的降低更容易获得观众的满意度。

@微博观点#1 + 1 > 2 的赚钱法则#：【语录·于丹：不到粮仓怎知昆曲

如许?】"《牡丹亭》中有句台词'不到园林怎知春色如许?'我想说'不到粮仓怎知昆曲如许?'在这个时候任何语言都是多余的，我们生活在互联网时代，不出两三个小时就能坐飞机到很远的地方，但我们拥有的越多反而相信的越少。"——著名文化学者 于丹

同样，都是青花瓷，马先生用的是传统的讲学方式，而周杰伦也并没有错，他只是用了歌曲这种容易被年轻人接受的方式和融入一些流行元素，内容相同，表现形式不同，导致效果也完全不同。这个社会需要像马先生这样一些专业人士，也同时需要多元化的个性表达。

当企业的产品并不受市场太多追捧时，企业家不妨转变一下思维方式，看看自己的产品是不是可以结合时代的特点，更多地与老百姓关心的话题扯上边。

也常听到一些企业家这样说："不行呀，如果不遵循这种传统的做法，那就破坏掉这个产品的文化内涵了"，千万不要觉得用另外一种方式来传递你产品的内涵，就是对你产品的贬低。其实恰好相反，如果用一种能够被大多数人可以接受的方式来关注你的产品，购买你产品的人多了，你才谈得上如何用你的产品去表达另外的诸如文化内涵这种东西。如果都没有人购买你的产品了，那又拿什么去拯救内涵?

这是一个追求个性的时代，从某种意义讲，多样化的个性使得那些文化经典才有了时代的烙印，才被更多的现代人所接受，老祖宗的东西如果依然使用过去的表现方式，会是什么结果呢? 那一定是只有继承没有发展。

【商学院点拨——商业模式】

前面所有的案例无非说明了一点：对相同的资源进行不同的整合可以产生截然不同的经济效益，这种整合方式被人们称为商业模式，如前述的粮仓和昆曲的整合等。通俗地讲，商业模式就是企业运作和盈利的方式或规则。商业模式对企业的发展起着至关重要的作用，你能猜出世界上最大的房地产商吗? 答案是麦当劳，正如麦当劳总裁雷·克罗克所说"麦当劳的真正生意是经营房地产"，因为麦当劳是通过汉堡的品牌经营来带动周边房地产的租金价格并从中获利的。

　　世界上没有固定不变的商业模式，任何商业模式都是一定时期的产物。近年来，随着互联网走进千家万户，众多企业也在转变自己的商业模式。从过去单纯实体卖场模式转向依靠互联网的线上线下"鼠标加水泥店"的模式。商业模式涉及的因素较多，不同研究者的观点也不尽相同，其中李振勇博士认为"客户价值最大化"、"整合"、"高效率"、"系统"、"赢利"、"实现形式"、"核心竞争力"、"整体解决"这八个关键词构成了成功商业模式的八个要素，缺一不可。

秘技3. 垃圾只是放错了地方的资源

"精明的商家可以将商业意识渗透到生活中的每一件事，甚至是一举手一投足。充满商业细胞的商人，赚钱可以是无处不在、无时不在。"

——长江实业集团有限公司董事局主席　李嘉诚

很多企业都有这样的问题，生产一种主要产品时都要产生一些废物，多数情况下，这些废物都没有被企业进一步利用，而是直接排放或者以非常便宜的价格出售，在处理废物过程中还难免会支付一些费用。

世界上从来没有垃圾

殊不知，这个世界上并不存在垃圾，只有放错了地方的宝贵资源。在某一情况下所谓的"垃圾"，如果置于另一种情况，则完全有可能成为非常宝贵的资源。

废物只需改变一些工艺流程，便能够变废为宝，给企业带来意想不到的经济效益。也就是说通过技术的不断创新和进步，可以完成产品的深加工，使投入的原材料尽可能转换成多种形式的产品，这些产品既可以是主产品，也可以是副产品。

"民以食为天"，水稻是传统的农业产品，但水稻的种植和加工并没有太多的利润，甚至国家为了扶持农业发展，还不断的投入资金补贴农民和农业生产。

然而，近年来，随着深加工技术的快速进步，水稻不再只是作为主食供人们食用，它的绝大部分副产品都实现了"变废为宝"，为水稻生产加工企业带来了巨大的经济效益。

说到益海嘉里，并不是每个人都知道这家公司是干什么的，但如果说到金龙鱼，也许千家万户的普通老百姓都知晓这个食用油品牌，因为它已经成为人们餐桌上的"常客"了。

益海嘉里投资有限公司是新加坡丰益国际有限公司在华投资的以粮油加工、油脂化工、仓储物流、内外贸易为主，集煤炭经营、清洁能源开发、房地产于一体的集团公司，也是中国国内最大的粮油加工集团之一。公司总部设在上海市浦东新区陆家嘴，属于新加坡独资企业。2005 年，益海嘉里集团与佳木斯粮食机构共同投资的益海（佳木斯）粮油工业有限公司成立，是目前国内最先进的大米综合加工企业之一。

该公司积极探索水稻的循环经济，大幅度提高水稻的经济附加值，其模式得到了国内外同行的广泛认可。

在稻谷加工工程中，除了大米这一主产品之外，通常还有稻壳和米糠。对于稻壳，该公司没有将作为废品扔掉，而是用于企业发电，每吨稻壳的发电量相当于 0.67 吨煤的发电量，年可节省标煤 4.5 万吨左右。不仅如此，燃烧后的稻壳灰也还可以继续利用，经高科技研发变成白炭黑和天然助滤剂活性炭，还可以作为品质优良的分散剂，构成如咖啡伴侣的材料之一。

对于米糠，将被送到浸油车间提炼毛米糠油，再经过加工，变成营养价值极高且具有保健功能的优质米糠食用油。榨油后形成的米糠粕，可继续深加工和提炼出米糠蛋白、膳食纤维、肌醇。油脂精炼后的副产品再提取出卵磷脂、甾醇、谷维素等高附加值产品，还可加工成保健食品。

如果不是对稻谷的深加工，也许根本不知道，传统稻谷居然可以做成种类如此繁多的附加产品，这些附加产品在过去都被认为是废品，而如今它已经构成了企业利润的重要来源。

再来看一下每天喝的茶叶可以用于哪些地方。

在日本，茶叶产量的60%都会用于深加工，其产品附加值远超过传统产品。尽管我国是茶叶生产和消费大国，拥有悠久的历史和深厚的文化，但在茶叶深加工方面还远落后于日本。

在很早以前，茶叶加工企业从农户收购各种鲜叶，加工后根据茶叶的等级定价出售，等级高的茶叶自然价格不菲，但低端的茶叶却只能以很低的价格出售。如果一家茶叶生产企业只生产高端茶叶的话，那么茶叶的利用率只有5%，其中95%不符合高端要求的茶叶就只能低端出售了。

而如今，很多茶叶企业并不是将生产出来的低端茶叶直接出售了，而是对这部分茶叶进行深加工，制造出茶粉、抹茶等，而茶粉、抹茶又可进一步添加到食品中，如茶豆腐、冰淇淋、汤圆，还可以用于面膜。这样就把价值每斤20元的低端茶叶做成了每斤40元的茶粉；通过其他工艺，还可以做成每斤80元的抹茶。

不仅如此，茶叶还有更多的用途，比如茶饮料、医疗药品等。

"如果做成保健品的话，一般可以增值30倍左右，做成饮料的话，可以增值10~20倍，安利的茶倍健就来自于茶叶中的提取物茶多酚。"

上述看似如此传统的生产工艺，经过现代化的深加工流程，便极大地提高了产品的整体经济价值。

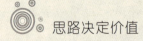 思路决定价值

许多企业家或者管理者受到上述案例的启发，可能已经开始反观自己企业生产的产品，开始揣摩着如何改进生产工艺，提高产品的附加值。

看完下面这个小故事也许可以给你更多的启发。

不管你有没有亲自去过美国，但可以肯定的是，你不止一次在美国好莱坞大片中看到自由女神像。自由女神像（Statue of Liberty），又称"自由照耀世界"（Liberty Enlightening the World），是法国为了庆祝美国的独立100周年，在1876年赠送给美国的一份厚礼。美国的自由女神像位于美国新泽西州泽西市哈德逊河口附近，是雕像所在的美国自由岛的重要观光景点。

雕像高46米，加基座为93米，重达225吨，是金属铸造。整座铜像以120吨的钢铁为骨架，80吨铜片为外皮，以30万只铆钉装配固定在支架上。铜像内部的钢铁支架由建筑师维雷勃杜克和后来建造巴黎埃菲尔铁塔闻名于世界的法国工程师居斯塔夫·埃菲尔设计制作。

1974年，美国政府给自由女神像翻新，在翻新的过程中，替换掉了许多废旧材料，这些废料重达2000吨。自由女神像经过翻新焕发了更加迷人的气息，但如何处理这堆废料成为了一大难题，因为废料既不能就地焚化，也不能挖坑深埋，清理装运到相距甚远的垃圾场，费用也十分昂贵，而且稍微处理不当还会受到当地环保组织的起诉。

就在这时，美国政府就向全社会广泛征求意见，并通过招标的方式，希望有人能够帮助解决这个难题。但是事情进展得并不顺利，几个月过去了，还是没有人向政府申请竞标。无法处理的垃圾，会对自由女神像的旅游业带来严重的影响，因为谁也不愿意花钱去看一堆垃圾。

正在这个尴尬的时刻，一位正在法国度假的犹太商人听到这个消息后兴奋不已，他似乎察觉到莫大的商机就在眼前，随即他便飞往纽约。当到达自由女神像脚下时，他被堆积如山的废料震撼了，之所以受到震撼，不是因为废料的数量超过他的预期而无法处理，而是因为这么多的废料在他看来却是难得的宝贝呀！

他没有过多的考虑，也没有向政府提出任何条件，当即就与政府签订了承办废料处理业务的协议。当人们还在对这位犹太商人的举动投来诧异的目光，甚至发出嘲讽的言语时，他却已经开始在制定将这些废料变废为宝的生产工艺流程了。

他对废料进行了分类利用，让人把废铜熔化，制成小型的自由女神铜像纪念品，把木头等加工成底座，把废铅、废铝做成纽约广场的钥匙，把废铜皮改铸成纪念币，把水泥碎块做成小石碑，把朽木泥土装在玲珑透明的盒子里作为自由女神像曾经拥有的"纪念品"，甚至把从自由女神像身上扫下的灰尘都包装起来出售给花店。

这样一来，本来一文不值、难以处理的垃圾，顿时身价百倍，人们争相选购，在不到3个月的时间里，2000吨废料被一抢而光，他从这堆废料里获得了350万美元的现金。

除了具有观念外，目前的技术水平能否实现深加工以及在经济上是否划算也是关键。不管怎样美好的想法，如果技术上没法实现，那也只能算是纸上谈兵。而如果想法有了，技术上也没有任何障碍，但深加工的成本大于产品的售价，那深加工不仅不能产生效益，反而会减少利润，得不偿失，这同样也是不可行的。

【商学院点拨——深加工】

深加工是指采用多种工艺对原材料或半成品进行综合开发、加工，从而生产出多种类型、多种用途的产品系列，旨在增加产品附加值，提供原材料利用率，提高企业的经济效益。

然而，是不是所有的产品都能够实现深加工呢？要对原材料进行深加工，又需要哪些前提条件？

答案是否定的，并不是所有产品都可以实现深加工，只有在如下三个条件同时满足时才能够真正实现产品的深加工：

第一，具有挖掘产品价值的观念。思想决定行为，要对产品进行深加工，首先需要决策者具有千方百计提高产品附加值的意识，只有这样，才能给决策者施加压力，也才有动力通过创新去把产品卖得更"贵"。

第二，拥有深加工所需的技术。有了深加工的观念以及规划后，能否实施，这又会受到技术条件的制约，只有技术水平全面满足深加工的需求时，深加工的想法才能最终实现。

第三，在经济上是划算的。在现实中，很多企业能够对产品进行全方位的价值利用，不论是人力、财力、物力都能够保证深加工的实施，但为什么企业并没有选择对产品深加工呢？这是因为，有观念和技术条件还远远不够，还必须保证深加工是"经济"的，也就是说，深加工后的经济附加值是大于深加工的成本的。

企业家或管理者有挖掘产品价值的意识，这是先决条件，是否具有这样的意识通常又与决策者个人因素密切相关，尤其是决策者的财务意识，这些能力的培养需要经验积累和不断学习。

秘技4. 有需求就有商机

"我们有今天，十年来坚持'客户第一、员工第二、股东第三'，上个世纪过多的贪婪就是股东利益第一！"

——阿里巴巴集团主席、首席执行官 马云

阿里巴巴董事长马云在公司成立十周年的晚会上发表了激情洋溢的演讲，他讲述了过去十年间，阿里巴巴一路走过的艰辛历程以及收获的宝贵经验，这些都被无数创业者奉为圣经。

他向公司所有员工阐述了阿里巴巴未来发展规划，说出了一条既模糊又清晰的路线："阿里巴巴未来十年将做什么？顾客需要什么，我们就做什么！"

之所以是模糊的，是因为马云的回答并没有明确指出公司未来的发展方向和主要战略，这让外界大失所望。

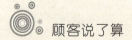 顾客说了算

经过这些年的发展，阿里巴巴在电子商务领域已占据了绝对的"老大哥"地位，它的发展在很大程度上代表了行业的发展，人们试图通过"打听"阿里巴巴的发展规划，来预测、判断整个行业的未来前景，很多关注电商发展的人士都没能如愿以偿。

但是马云的回答道出了如今市场经济中，企业的生存之道，那就是企业必须满足顾客的需求。

只有这样的企业才称得上是对社会有价值贡献的，可以试想：如果一个企业生产的某种产品，都没有人来买，那只能说明这种产品对人们来说是没有价值的，它

不被淘汰，那么什么产品应该被淘汰？

这样想来，马云的这句话蕴含着深奥而简单的经营哲学。

如果企业的生存之道是满足客户的需求，那么准确把握这种需求就成为了关键所在。谁能够更好地捕捉到这种需求，然后很好的满足这种需求，谁就能够在市场上立于不败之地。

@微博观点#有商机就有需求#：【语录·松下幸之助：事业成功的首要条件】"事业成功的首要条件，不在于事业家的价值判断，顾客认为有"价值"，才是决定性的因素。"——松下电器创始人 松下幸之助

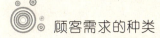 顾客需求的种类

在理论上，顾客需求可以分为主动需求和被动需求这两种基本类型。

第一，主动需求。它表明这种需求是顾客自身的需要，如果企业能够敏感地发现这些需求，并通过各种方式去帮助顾客实现这些需求，那么顾客就会为之埋单。

例如，随着改革开放和人们收入的提高，越来越多的家庭都有机会、有条件把小孩送到国外留学，那么这就提高了整个社会对外语学习的需求，同时当学校教育又无法很好满足这个需求时，民营培训机构便弥补了这一市场空白，俞敏洪所成立的新东方便是这一类型的成功典范。如今，新东方早已成为美国上市的一家公司了。

第二，被动需求。顾客的这种需求不一定完全是来源于自身，而更可能来自于企业的创新行为。

例如多年前，人们习惯于用手机打电话，用照相机拍照，而时至今日，当手机具有拍照功能后，人们已经在很多场合用手机替代照相机，并满足了许多照相机无法满足的需求（如携带方便等），这就导致带有照相功能手机的普及，这正是所谓

的"科技创造需求"。

再看看近年来，在移动互联网领域很成功的一家企业。

2003 年，当互联网还没有完全走入一般普通老百姓的生活时，我国一批互联网公司正在幕后逐渐兴起，也正是当初它们的悄然改变，才导致如今人们的生活发生了革命性的转变。

这批互联网公司涉及人们生活的方方面面，尝试着将人们的日常生活与互联网联系起来，让人们的生活更加便捷、更有品质。

就在当时，有一位年轻人从美国宾夕法尼亚大学学成归来，他热衷于各地的美食，就连外出旅游，出行安排都是根据美食分布并非游览名胜而定，可以称得上名副其实的"吃货"。

但当他回国后却发现，在一个陌生的城市中寻找美食是一件十分令人头疼的事情，因为除了朋友推荐之外，几乎没有其他的可以找到美食的方式。

在这种困惑下，他顿时有了创业的灵感，为何不可以借助互联网来帮助人们搜寻美食信息？

因此，他便在上海注册成立了一家互联网公司，在成立初期，限于运营资金，他不得不亲自收集美食餐馆的信息，并将其整理归类发布在互联网上，供人们查询。

而如今，这家公司从最初的 5 个城市已发展到 2300 个城市，并在北京、广州、天津等 20 多个城市设立了分支机构。随着移动互联网的兴起，这家公司的手机客户端几乎成为了所有智能手机的必装应用。当你需要找寻身边的美食时，只需简单的按一下搜索按钮，应用程序就会自动通过定位系统，显示出附近的美食信息。这极大地满足了人们的美食寻找需求。

这家公司就是后来的大众点评网，那位创业的年轻人就是大众点评网的首席执行官张涛。

【商学院点拨——商品的需求弹性】

在生活当中，人们经常会看到商店中有些商品经常打折，比如汽车等。而有些商品几乎价格一般都不会发生变动，或者只是稳步小幅的上涨，比如大米等。经济学家很早就开始分析商品的这种特性，并把它定义为价格弹性。

商家为了赚取最大化的利润，而利润＝销售量×单价－成本，因此他们会采取各种手段，扩大销售量，提高单价，进而增加收入，但销售量与单价又常常是一对矛盾体。为了提高销售量，商家通常会降低价格，以此来促销；倘若提高单价，通常又会导致销售量的降低。

不管是销售汽车的经销商，还是出售大米的商家，他们都是在追求利润的最大化，那为什么汽车经销商可以经常采用降价的策略来促销，而大米却很少降价呢？

这是因为汽车经销商虽然降低了一些价格，但销售量却可以较大幅度的扩大。因此，销售量与售价的乘积仍然可以增加，经济学把这样的商品称为富有弹性的商品，它一般是那些高档品或奢侈品。

而普通老百姓对大米的需求却是相对固定的，就算价格下降幅度很大，人们对大米的需求却不会大幅增加。那么如果采取降价销售，大米商家的利润总额会随着降价而减少，甚至亏损，经济学把这样的商品称为缺乏弹性的商品，它一般都是生活必需品。

经过这样的理论分析，就不难理解政府对人们的购房行为的态度。一方面，安居乐业是人们基本的生活需求，拥有一套住房属于刚性需求，缺乏弹性，所以银行可以对居民第一套购房给予低首付、低利率的优惠政策。而政府坚持抑制刚性需求之外的购房需求，这部分需求通常是富有弹性的。

秘技 5. 经济周期：不断上演的悲剧

> "卖冰激凌必须从冬天开始，因为冬天顾客少，会逼迫你降低成本，改善服务。如果能在冬天的逆境中生存，就再也不会害怕夏天的竞争。"
>
> ——台湾"经营之神" 王永庆

很多时候，当企业赚取了一定利润并实现现金流净额为正时，都有扩大投资的"冲动"，都尝试着购买新的生产线，或者并购其他企业，这些新投资有时还与原来的业务种类、行业属性相去甚远。

同样地，当企业一段时期内都处于亏损状态，加之现金流为负且难以维持企业正常经营时，企业通常也会缩小投资，甚至变卖资产，调整生产经营结构，减少各种开支，避免不亏损或者少亏损。

其实，这并不是最优的企业管理决策。

小故事，大道理

要弄清楚上面的问题，先看看几年前被各大媒体和商学院频繁引用的一则炒股小故事：

说是有这样一位老太太，几年前在一家证券公司门口看管自行车，收取少量的费用，这里停的自行车大部分都是属于前来证券公司炒股的股民。

当股市行情好的时候，前来炒股的股民很多，门口停的自行车数量也相应有所增加，老太太的收入比其他时候要多出不少，她当然很是高兴。但股市却是风云变幻，难以预测。当行情不太好时，来证券公司炒股的股民也随之减少，老太太从看管自行车的工作中很难再赚到往常那么多的钱，并且每天围绕着寥寥无几的自行车打转，也让她感到百般无聊。

有一天，她脑海中突然闪现出炒股的想法，也想拿点钱去股市试试水深，其目的主要是打发时间，根本都没有想过赚钱。就怀着这样再简单不过的想法，她入市了，成为了一位名副其实的股民，戏剧性的事情就这样稀里糊涂的发生了。

如果运用"事后诸葛亮"这一放之四海而皆准的分析方法来看，老太太恰好踩对了点，用很便宜的价格买到了几只好股票。因为在股市人气低迷的时候，通常也是交易量极度萎缩的时候，而交易量又是股市处于底部区域的重要信息。更有意思的是，这位老太太只用了"打发时间"原理，找到了诸多专业人士构建大量数理模型都很难找到的底部建仓良机。

然而，过了一段时间，前来证券公司炒股的股民络绎不绝，门前停靠的自行车也跟着多了，老太太的生意又红火了起来，每天忙得不亦乐乎，她也不知道股市到底发生了什么事情。不要说什么经济形势、宏观调控，可能就连 K 线图、30 日均线都不知道是什么。

当她看着如此多的人前来证券公司，她也想去看看自己的股票是涨还是跌。奇迹就这样发生了，她惊奇地发现，自己的股票居然上涨了好几倍。此时，她其实并不懂什么叫"见好就收"的名言，更不懂什么叫"追涨杀跌"的江湖豪情，只是"知足常乐"的生活常识让她感觉够了，于是，她便把手中的股票全部卖掉套现。如此低的价位买进，加上如此高的价位卖出，她的收益让很多专业人士只能望尘莫及。

不久后，证券公司门前的自行车又开始少了，前来炒股的股民每天都在减少，这似乎又意味着另一周期的开始……

股市通常被称为一国经济的"晴雨表"，股市的走势在一定程度上预示了未来的经济形势，具有一定的经济预测功能。

然而，要真正看懂老太太炒股的例子，首先必须明白经济学中常见的一条规律：经济发展具有周期性，这一周期通常划分为繁荣、衰退、萧条、复苏四个阶段，这个周期周而复始、循环往复。

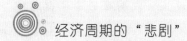

经济周期的"悲剧"

经济规律的周期性告诉了我们一条企业经营中的原则：

当经济繁荣时，也就表明未来经济可能下滑，此时，正确的经营策略是收缩，不要被眼前的虚假繁荣所迷惑。

相反，当经济萧条时，也就表明未来经济上升的概率在逐步增大，此时往往也是企业抓住机遇进行企业扩张、收购兼并的良机。原本很多好的企业，由于这样或那样的原因，未能度过萧条期，被迫以便宜的价格出售。倘若资金充足，买下这样的企业，必定在不久的复苏期以及繁荣期，取得惊人的收益。

可令人遗憾的是，现实中并非如此。

因为常识迷惑了人们，常识通常告诉企业家：繁荣时，产品往往供不应求，为了满足市场需求，理应扩大生产规模，毕竟有钱为何不赚？但通常的结果是扩大生产规模不久之后便产品价格下降，产品滞销。

相反，在萧条期，绝大多数人都认为经济糟透了，应当缩小生产规模，而很少有人会看到冬天之后的春天。

说到这里，可能有个疑问，繁荣与衰退之间要经过多长时间？只有知道了这个时间的长短，企业的经营才能够准确地找到退出和进入的最佳时机，才能实现企业的最大化价值或最大化利润。

关于这个问题的答案，可能又会让所有人失望，因为这个的答案是"没有答案"！但下面这家公司的做法也许会给你带来一点启发。

1982 年，刘永言、刘永行、陈育新（刘永美）、刘永好四兄弟创建了希望集团，是我国改革开放后建立的第一批民营企业之一，1995 年被福布斯评为中国民营企业家首富。同年，四兄弟对希望集团进行重组，并重新划分经营领域。

其中，刘永行成立了东方希望，目前已发展成为集农业、重化工业产业链等为一体的特大型民营企业集团，总部位于上海浦东。现有员工 17 468 人，企业 156 家，年产值近 700 亿元，在所涉及领域的竞争力排名居前列。近三年为国家纳税 36.7 亿元。

集团饲料板块现有 101 家以饲料为主，涉足生物工程等相关行业的子公司分布在中国大部分省、市、自治区和越南、新加坡、印尼、柬埔寨等国家。在内蒙古、山东、河南、重庆、新疆等地建设有大型电解铝、甲醇、二甲醚、氧化铝、热电、醋酸、水泥等重化工业工厂。

在 2008 年金融危机中，众多行业都受到了严重冲击，均出现全面亏损的格局。然而，对东方希望集团中的铝业这类强周期产品，却没有受到很大影响。

这其中包含着怎样的秘诀呢？

原来，在金融危机爆发之前，刘永行带领他的团队，对整个国内外的经济形势做了深入的分析和判断。他们的结论是，每一次重大事件过后，发生经济衰退的可能性急剧加大。

2008 年对于中国来说，不仅只有金融危机，这一年也是奥运年，是中国第一次举办奥运会，全国上下都给予了高度重视，参与热情空前高涨，政府也对奥运产业投入重金进行了大规模的基本建设，这必将拉动我国经济的增长。

然而，当人们还在为奥运健儿取得的骄人成绩欢欣鼓舞时，刘永行却在担忧奥运过后的经济下滑，以及对公司业绩的负面冲击。因为我国的整体经济形势必定会随着奥运会的结束逐渐进入下行通道，只不过，也许当时谁也没有料到金融危机会在奥运会结束后的 1 个月就来得如此之快，如此之猛。

刘永行的担忧促使他在奥运会期间就实施了缩小投资规模和减少库存的措施。就拿饲料库存管理来说，在通常情况下，东方希望的饲料库存水平维持在 1 个月左右，而在奥运会之前，东方希望的饲料库存水平最高时达到 3 个月。此时，刘永行已经感觉到问题的急迫性，得知消息后，立即下达数份文件，要求下属公司采取各种措施降低库存水平。

就这样，经过奥运期间的去库存策略，奥运会之后，东方希望的饲料库存水平仅为 7 天。

这些措施帮助东方希望集团成功地避免了金融危机所引发的产品价格下降，因为当产品还处于奥运会期间的较高价位时就已经大量出售了，当金融危机真正来临时，所剩下的库存数量已经降至极低水平，这些措施帮助企业减少了几亿元的损失。刘永行也因在金融危机之前的精确判断与及时的治理措施，仍以 204 亿人民币的身价登顶当年福布斯中国富豪榜的宝座。

记得在 2007 年股市最高点来临之前，一位朋友，国内一家会计师事务所的合伙人，他一边开着车一边跟我聊的一席话，也许能够最简单、最直接的说明这其中的道理。他说"当不炒股的人都开始炒股了，也许这就是你卖掉手中所有股票的最后时机！"

【商学院点拨——经济周期】

经济周期，也称商业周期、商业循环、景气循环，它是指经济运行中周期性出现的经济扩张与经济紧缩交替更迭、循环往复的一种现象，是国民总产出、总收入和总就业的波动。

通常，人们把经济周期划分为繁荣、衰退、萧条、复苏四个阶段，每个阶段都有自身的特点。繁荣期，社会投资活跃，企业盈利能力较好，消费需求较大，居民收入水平也得到提高。当经济长时间都一直处于繁荣期时，通常会带来经济过热，甚至出现经济泡沫等问题，此时，政府会采取提高利率、收缩银根等宏观调控手段，其首要目标是通过软着陆，确保经济平稳运行。

繁荣期过后，经济便进入衰退期，在这一阶段，企业的盈利能力受到削弱，居民收入增速开始下滑，消费需求对经济的拉动作用开始弱化，投资活动逐步减少，少量企业可能出现资金紧张的局面，经济增速逐渐降低。

随着经济衰退的进一步加重，萧条期的出现也就在所难免。人们收入不仅大幅下降，而且失业率也显著提高，企业订单也明显减少，经营风险较大，获利水平非常低。很多企业被迫停产，甚至破产出局，投资支出很少，整个经济社会的资金链受到严峻考验。在这个阶段政府通常会采用积极的财政政策和宽松的货币政策，通过政府投资和注入流动性，来实现经济的早日复苏。

复苏期，就好比早晨的太阳，经济社会的各项活动开始慢慢活跃起来。在政府的帮助下，企业的投资支出开始加大，工厂开工率逐步回升，促进了就业人口数量的提高。消费对经济的推动作用也逐渐增大，增长率稳步攀升，政府的各项宏观政策也渐渐退出。

秘技 6. 做企业也必须问政治

"我们一定要和国王一起散步！"

——罗斯柴尔德家族祖训

企业家无论从事的是何种经营，或大或小都会受到宏观经济形势的影响，只是受到影响的程度不同而已。

如果产品属于高档品，甚至奢侈品，那么经济形势越差，产品销量通常就越低，利润自然就越少。但较差的经济形势反而会促进低档品的销售，如肯德基等快餐食品，因为在这样的经济形势下，人们会减少日常生活的开销，以此多省下些资金，来抵御经济进一步下滑带来的未知风险。这一现象在 2008 年下半年的金融危机中，已得到了充分的证实。

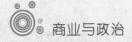 商业与政治

企业的经营状况与一国或全球宏观经济整体形势密不可分。成功的企业家，他们除了具备经营企业所需的才能外，在大多数时候，还能够对一国或全球的经济走势做出准确的判断。

另外，这些成功的企业家还有一个"敏感的嗅觉"，他们能够精准的对国家或地方各种政策进行深入的解读，他们甚至清楚地知道，什么是政府鼓励做的？什么是政府不提倡做的？什么又是禁止做的？因为这直接决定了他们所从事的行业是否能够得到政府的各种支持，包括土地、税收、行政审批、银行隐形担保等。

如果所从事的行业或项目是政府支持的行业或项目，那么政府会大力提倡并促进企业快速发展；相反，如果政府不予以支持或禁止，那么政府会通过"看得见的

手"来干预企业的正常经营，设置多种障碍来抑制企业发展，企业的利润自然会受到严重的影响。

有人曾经用"伴君如伴虎"来形容我国近年来的房地产行业。

尽管自 2009 年以来，我国房地产价格迎来了快速的大幅上涨，几乎各大房地产商都从中赚得盆满钵满，但与此同时却降低了老百姓的生活质量，站在社会民生问题的角度，的确应该遏制房地产价格的过快上涨。但换一个视角，仔细想想我国政府对房地产行业的态度，也许你会发现，其实房地产行业也很"委屈"。

2008 年下半年金融危机爆发之初，首先想到的救市政策就是政府的投资支出和房地产行业的发展。政府制定了一系列鼓励发展房地产的政策，以此确保经济增长"保八"目标的实现。比如首套房屋按揭贷款在基准利率的基础上打七折、首套房屋首付比例可以低至两成、降低和减免多种购房税费……在如此优惠的条件下，我国房地产市场一片新兴向荣的景象。

然而，经过 2009 年房价的疯狂飙升，2010 年上半年经济危机并没有想象的那样冲击到实体经济，此时的消费拉动也有了起色，"保八"的目标也顺利完成。

此时政府的态度便突然来了一百八十度的大转弯，从中央到地方，各级政府都制定了所谓的"史上最严厉"的房地产调控政策，从土地出让、行政审批，到银行信贷、房地产信托，再到消费者购房优惠、银根收紧，都给房地产行业的发展带来了较大的负面效应。尽管目前房价下降幅度还没有预期的那样大，但成交量的萎缩却成为了不争的事实。

我国房地产行业近期的发展轨迹充分说明了，政府为了实现宏观经济目标，会根据经济形势的好坏，实时调整自己的宏观政策，而这些宏观政策又会直接影响到企业的经营活动，最终对企业利润产生重要影响。

和国王散步的家族

从上面的分析可以看到，要把企业真正经营好，必须得像政治家那样具有政治眼光，洞察政府的经济意图，懂得宏观经济状况以及政府的宏观调控政策。宏观调控理论是由经济学家凯恩斯创立，宏观调控是指一国政府为了减少经济周期的大幅波动带来的不利影响而实施的各种政策，目的在于确保经济的相对平稳运行。其主要目标包括促进经济增长、增加就业、稳定物价、保持国际收支平衡等。

那么企业如何才能够及时、准确地把握政府宏观调控动向呢？主要有以下几个方法：

第一，具备经济分析的能力。这是把握政府意图的首要条件，毫无疑问，一个不懂经济的企业，肯定是无法长期持续经营的，因为它不知道什么时候是市场风险，什么时候是市场恐慌，这样的企业只能是随波逐流，最后被市场淹没。

第二，准确及时地把握经济动态。政府宏观调控政策并不是随意出台的，而是根据经济形势制定的，经济活动的运行有其自身规律性。因此，从这种意义上说，把握政策走向也就是把握经济走向。

第三，拉近与政府之间的关系。除了从公开媒体了解经济动态外，与政府的关系也可能帮助你准确地洞悉政府意图，也许是一次投融资促进会，也许是一次招商引资洽谈会，也许是一次"产、学、研"座谈会……都可以及时地知晓政府近期的偏好。难怪有人说："无论国内还是国外，关系都是生产力。"

罗斯柴尔德家族是一个神秘的家族，神秘之处在于它是当之无愧的金融帝国，但不是每个人都知道它。这个家族具有250年的历史，至今还屹立在世界金融之巅。

据《货币战中》一书中记载，罗斯柴尔德家族银行遍及欧洲主要城市，他们拥有自己的情报收集和快速传递系统，甚至欧洲国家的王室和贵族在需要迅速和秘密地传递各种信息时，都是通过他们的系统进行。他们还首创了国际金融清算系统，利用其对世界黄金市场的控制，他们在家族银行体系中首先建立起不用实物黄金运输的账目清算系统。

据估计，1850年左右，罗斯柴尔德家族总共积累了相当于60亿美元的财富，如果以6%的回报率计算，在150多年后的今天，他们家族的资产至少超过了50万亿美元。

在250年的家族发展史中，到处可以看到它们与各国政府的紧密关系。

比如1802年，罗斯柴尔德家族抓住了丹麦王室财政紧张的机会，获得了给王室贷款的资格，从此进入了和各国政府做生意的殿堂；1798—1813年，通过资助英国军队两万英镑，升值到了五千万英镑；1815年内森比其他人早一天获得滑铁卢战役的结果，在1815年6月20日这一天，内森狂赚了20倍的金钱，一举成为英国政府最大的债权人；1898年购买苏伊士运河的股份，获得了56%的年收益。

……

特别需要说明的是，拉近与政府之间的关系并不是提倡采用一些非法手段贿赂官员，套取内部信息，而是尽可能的参加一些可以"近距离"接触政府的活动，从中合法的了解政府的工作重点、行业导向等信息，这些信息往往比媒体信息更具真实感。

【商学院点拨——宏观调控政策】

宏观调控政策主要表现为货币政策和财政政策。

财政政策是指政府通过控制财政支出的总量和结构方式来影响社会总需求，达到调节经济发展速度和结构的目的。常见的财政政策工具有预算政策、税收政策、公债政策、公共支出政策、政府投资政策、补贴政策等。

在经济萧条期，政府通常会扩大财政预算，增加公共支出和投资规模，加大补贴力度，进而增加社会需求，拉动经济增长，这种政策被称为扩张性财政政策；反之，当经济过热时，政府则会缩小投资规模，减少公共支出，补贴也较少，这种政策被称为紧缩性财政政策。

货币政策是指政府通过货币供应的方式对一国经济的发展和结构进行调节与控制。常见的货币政策工具有公开市场操作、存款准备金率、再贴现率等。

当经济萧条时，政府通常会通过公开市场操作回购债券、降低存款准备金率和再贴现率，从而增加货币供给，刺激消费，减少企业资金成本，促进经济增长，这种政策被称为宽松性货币政策。当经济过热时，政府通常会制定相反的货币政策，发行债券、提高存款准备金率和再贴现率，减少货币供给，抑制消费，增加企业资金成本，从而减缓经济发展速度，这种政策称为紧缩性货币政策。

秘技 7. 人人都爱奢侈品

"品牌会产生光环效应，只有让人们对品牌产生联想，产品才更容易被接受。"

——微软营销副总裁　罗兰德·汉森

为什么可以卖这么贵？

你是不是一个有身份的人？你的身份值多少钱？100 元？1000 元？还是 10 000 元？——

记得我还在学校读博士研究生的时候，有天晚上约了一位中学同学吃饭，她如约而至，提了个购物袋，一看就知道，下午去逛街采购了。

她比我早毕业，我们一边吃饭一边聊最近的生活、工作、学习，聊到中途，无意中，我问她："你逛街买了什么衣服呢？"

"一条牛仔裤。"她回答说。

"在哪里买的呢？"我一边问，她一边拿出来给我看。

"就在学校旁边的仁和春天，前几天才开业，正在打折搞促销。"她向我解释。

其实我知道，在成都，仁和春天算得上是高端人群消费之地了，众多国际奢侈品品牌如 GUCCI、CARTIER、BALLY 等都在这里云集，截至 2011 年年底，已拥有 15 万高端会员，其中钻石会员（年消费额达到 10 万元以上）

就有 7000 多名。

"打折后几百块钱？"我很感兴趣的继续追问，因为对于当时的我来说，还在读书期间，每个月的生活费不到 1 千元，用我购买能力来猜想顶多就三四百元吧。

她说："打折后 1998 元。"

"啊！"我很惊讶，有些不相信，同时也开玩笑地说："一条牛仔裤不至于这么贵吧？那我得非常小心的还给你，免得弄坏了，我赔不起！"

"真是这个价格。"她给我讲起她买这条件仔裤的理由，其中有两点给我的印象很深。

她说："这条裤子表面上看和其他牛仔裤没什么区别，但无论穿多久，几乎都不会怎么变形。""它还是一个非常著名的品牌哟！"

事实上，当时我还很不理解，始终认为花接近 2000 元买条牛仔裤是一件很愚蠢的事，根本就不值这个价钱。

但随着后来对经济学有更多了解后，才发现社会需求的多元化可能远超过我们的想象。这个社会有人需要几十块的牛仔裤，有人需要几千块的牛仔裤……

@微博观点#人人都爱奢侈品#：【语录·乔布斯：是买便宜还是占便宜】"不在于降低成本，而是通过创新改变困境，顾客并非要"买便宜"，而是想"占便宜"！"——苹果公司创始人　乔布斯

经济学本来是一门关于如何最大化利用资源的学科，简单地讲，就是两个字——节约，怎样用最少的资源去满足人们最大的需求，不要产生浪费。但是，请大家注意！花 1998 元买条牛仔裤并不是浪费！购买奢侈品也不是浪费！

世界奢侈品协会公布的报告显示，截至 2011 年 12 月底，中国奢侈品市场年消费总额已达 126 亿美元（不包括私人飞机、游艇与豪华车），占据全

球份额的28%，中国已成为全球占有率最大的奢侈品消费国家。

随着近年来，中国人花费在奢侈品上的金额越来越多时，人们开始抨击这种非理性的消费观念和消费方式。

其实不然，奢侈品原本并没有错！

为什么这么说呢？一位奢侈品大师曾说："人们为什么购买奢侈品？是因为它代表完美、梦想和成就！"

在经济学上，只要交易双方是在公平和公正的环境中进行的交易都是对社会有价值的。可以试想，如果我想拥有那条1998元的牛仔裤，那么我得付出1998元作为代价，为了获得1998元货币，那我必须向这个社会贡献价值1998元的劳动。这样来看，我购买1998元牛仔裤的过程其实就是用1998元自己的劳动去交换另一个人的劳动，经济社会也正是在这种社会分工和商品交换中不断进步的。

不要忘了，那条牛仔裤1998元的售价中，不单单包括生产牛仔裤的有形价值，如布料、人工、物流等，更包括了一些无形的价值，如长年累积的品牌、别出新意的设计、接近完美的工艺……而后者才是1998元总额中的绝大部分，你买的不是牛仔裤，你买的是牛仔裤上看不到的东西。这就是你自己的"身份"，你能够享用得起这么昂贵的人类劳动，是因为你自己也贡献了同等分量的劳动，是你自己对自己的肯定！

同等分量的劳动到底需要多少？这取决于你所付出劳动的特点。

如果你付出的劳动同样也是经历过时间的沉淀，蕴含着悠久的历史，有着一段动人的故事，劳动成果质量较高，那么只需要付出较少数量就可以交换。如果你付出的劳动本身没有什么技术含量，那为了达到总量1998元的价值，你不得不付出数量更多的劳动来实现。

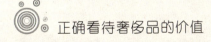

正确看待奢侈品的价值

经济学认为，奢侈品对一国或一地区经济发展是有利的，因为它不仅在商品总价格上对经济有较好的拉动作用，而且它主要出售的是商品的附加值，并非物质本身价值，这有利于消费结构的优化。每次我在跟一些对经济学感兴趣的人交流有关奢侈品的问题时，他们都没有怀疑经济学对待奢侈品的看法，但他们还是不解："那为什么目前大多数人还是对国人的奢侈品消费持否定态度呢？"

这主要有两个原因：

第一，付出劳动不公平。

这是什么意思呢？这是中国经济改革过程中出现的特有现象，改革必定意味着有部分成为受益者，他们并非完全依靠劳动来获取资源，而靠的是一些经济制度的漏洞、法律的不健全、腐败等，因此，交换 1998 元牛仔裤的过程并不是一个等价劳动的交换。

第二，消费群体年轻化。

这部分年轻人依靠父辈付出的劳动去消费奢侈品，也就是俗称的"富二代"、"官二代"，他们是用别人的劳动与交换，再加上张扬、炫耀的个性，并不是真正去理解奢侈品中所蕴含的人类的文化、历史、智慧，这样才受到了社会大众的反对。

不管怎样，作为企业家，当你每天都被日常杂事忙得晕了头的时候，也应该适当抽出时间思考一下，你在出售产品物质的价值时（如牛仔裤的布料、人工等），有没有把消费者的"身份"卖给她？这种身份卖给她越多，你的产品也就越成功。

记得多年前，一位业内人士在谈到运动鞋品牌的差别时，这样说道："我曾经问过一位年轻人，你是愿意购买 361°还是耐克或阿迪达斯？那位年轻人这样回答我，'如果去打篮球，可能会穿 361°，如果要去和女朋友约会，我可能会穿耐克或阿迪达斯。'"这位年轻人的回答，事实上一针见血的表明了当前国货的尴尬处境，拼质量并不会输给国际品牌太多，但为什么耐克或阿迪达斯就可以多出 3~5 倍的价格？答案其实每个人心中都明白。当某一天，消费者愿意花很多钱购买产品中的"完美、梦想、成就"时，你的产品也就走向世界了！到那时，你为国人创造了一个国际顶级品牌，并不会有人指责那是一种浪费，反而全社会会因你为傲，因为我们太久没有购买到真正世界级的国货。

【商学院点拨——品牌】

品牌这一词被广泛使用，它既指消费者用于区别于其他企业或产品的标示，也指在销售者心目中的认知程度，当谈论到某一品牌时，消费者自然会联想到这一品牌的企业和产品的定位。如今，品牌已经成为企业一项重要的无形资产，品牌认知程度越高，消费者就越愿意花更多的钱购买，它也是企业产品附加值的主要贡献因素。

然而，"冰冻三尺非一日之寒"，一个优秀的品牌也并不是一朝一夕可以铸造的，它需要一个漫长的过程，需要在跌宕起伏的市场竞争中不断打磨，最终才能形成经久不衰的品牌形象。与欧美一些历史悠久的品牌相比，我国企业的品牌建设之路还很漫长，毕竟像同仁堂这类拥有 300 多年历史的老字号还屈指可数。未来我国企业要真正走向世界，打造世界级的品牌是必经之路。

秘技 8. 用户体验才值钱

"一个企业经营成功与否，全靠对顾客的需求了解到什么程度。看到了别人的需要，你就成功了一半；满足了别人的需求，你就成功了全部。"

——匈牙利全面质量管理国际有限公司顾问　阿尔巴德

好产品不一定好卖

在前面的内容中已经明白了这样一个道理，要使你产品售价高，同时还有很多人来买，只有一个途径，那就是要增加产品的无形价值，这一无形价值正是产品的附加值。

然而，需要特别注意的是，只是提高了产品无形的附加值还远远不够，消费者还是可能不买账，也就是说，好的产品不一定会受到市场的追捧，这一点，我相信很多企业家都有切身感受。那这又是为何呢？

几年前，在一次朋友聚会上，他告诉我们，他在近期取得了某品牌竹炭产品区域销售的代理权，并向我们介绍了竹炭产品的种类与用途，当谈到竹炭产品的各种神奇功能时，他更是难掩心中澎湃的心情。

他说："竹炭是对生长多年的高山毛竹进行高温烧制而成的炭，经过烧制后，竹炭的物理结构就发生了变化，呈现出明显的多孔结构，正是这种多孔结构，使竹炭具有了高吸附性这一特殊性能。"老实说，几年前，在场的所有人几乎都对竹炭这种新产品前所未闻，不过大家还是听得津津有味。

"竹炭可以吸收辐射，可用于净化家居装饰后的空气，还能有效帮助衣服、物品的抑菌防霉，也可以吸附冰箱和鞋袜等异味，最重要的是竹炭具有促进新陈代新、缓解疲劳等养生保健功效……当今，老百姓都很注重生活品质，竹炭正好是定位于追求生活品质的这部分人群。"他继续介绍着。

当听到竹炭有这么多神奇的功效以后，我们都迫不及待想见一下竹炭这种新产品的庐山正面目。几天后，我们到了这位朋友的竹炭专卖店，果真被五花八门的产品种类和包装吸引了，但其实不论什么种类的产品，其主要材料还是竹炭。随后我们决定买一些拿回家去试用。

然而，计划永远赶不上变化。大概过了半年，这位朋友告知我，他已决定放弃这个产品的代理。我感觉很惊讶，因为他不久前还满怀希望的打算从可能快速发展的竹炭销售市场中分得一杯羹，而短短半年时间，就已经偃旗息鼓了。"刚开始销售的一个月，业绩还很漂亮，顾客都怀着试一试的心态，购买了许多，不知为何，回头客逐月减少，到最近两个月已出现大幅亏损的状态了。"这位朋友说道。

从他的解释中，不难看到，该产品并没有得到销售者的充分认同。

之后的很长一段时间，我一直还困惑于这事，时不时还会替这位朋友反省。因为在那时，普通老百姓的收入逐渐提高，越来越多的人开始关注生活品质了，再加上他们销售的目标客户也是经过市场分析而定的，选择高端消费人群完全符合营销原则。在理论上，对这种有利于健康的产品需求应该很强才对，但为什么一直难以获得市场的青睐呢？

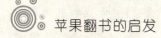

苹果翻书的启发

从竹炭销售中暴露出来的"好产品不一定好卖"的问题，具有一定的代表性，在其他产品中也同样存在，但有些企业较好地解决了这个问题，便取得了成功；而另外一些没能较好解决这个问题的企业，其发展就会步履维艰。

下面来看看苹果的解决之道。

2010 年苹果公司推出了 iPad 系列产品，该产品自推出以来就受到市场的大力追捧。尽管目前的笔记本电脑技术相对较为成熟，但似乎人们还是抵挡不了科技进步的诱惑，很多"果粉"们为了最早尝试新产品的功能，宁愿排上几天的队去购买，销售场面很是火爆。

2012 年，苹果首席执行官蒂姆·库克（Tim Cook）在高盛技术与互联网会议上披露，iPad 平板电脑自从两年前推出以来已经销售了 5500 万台。美国投资银行派杰（Piper Jaffray）分析师基尼·蒙斯特在一份报告中预测到，苹果本财季的 iPad 出货总量将达到 1200 万部，并在年底时达到 6600 万台。

到底苹果有着怎样的秘密，可以让消费者乐意埋单？

让我们以一个太不起眼的功能——电子书为例，来看看苹果的独到之处。在苹果的首席执行官还是史蒂夫·乔布斯的时代，他被人们称为"偏执狂"，因为他几乎绝对完美主义的个性，让和他一起共事的人，觉得无比痛苦。和乔布斯一起工作的人都明白，他是一个追求完美的人，如果技术开发人员自己都认为产品还存在进一步完善的空间，他们在没有完善之前是不敢轻易递交给乔布斯的，因为那得来的肯定是挨骂。

有一次，技术开发人员将做好的电子书阅读这一产品摆在乔布斯面前，让他亲自体验一下电子书阅读的乐趣，当时，这款电子书产品已经达到了巅峰水平，无论是从功能还是外表样式，都处于行业最高技术水准。

然而，就算这样，乔布斯始终觉得还是无法完全达到阅读真实纸质书籍的体验，尽管也说不上来还有什么缺陷和不足，但总感觉有一点还没有做到完美。

经过痛苦和"偏执"的分析之后，乔布斯和他的团队终于找到了其中的原因，那就是在电子书翻页过程中，缺少光线投射到书页上产生的阴影。当时的很多技术人员都认为这点阴影效果没有存在的必要，读者阅读的是书籍并不会太在意翻书的过程。然而，乔布斯却坚持要添加阴影效果，就这样，技术人员又不得不怀着"抱怨"心情，对翻书技术进行了一轮又一轮的改进，当最后的效果达到电子书的阅读感受与纸质的阅读感受几乎相同时，乔布斯才同意发售这一新产品。

事实上，相对于页面设置、调色、分辨率等这些关键参数而言，翻书这一动作并不会对消费者阅读电子书产生什么重大影响，更何况，在阅读电子书整个过程中，花费在翻书上的时间也很少。但这小小的技术改进，却给消费者带来了耳目一新的感觉，这种感觉在管理学上被称为"客户体验"，它向消费者传递了完美、品质、严谨、专业等信息，让消费者也更加认同这种产品。

这到底说明了什么呢？

这说明要使产品得到消费者的认同，除了脚踏实地真正提高品质外，还得让消费者认识到这种高品质不是鼓吹的，而是各种感官能够"体验"到的，这种感官可以是视觉、听觉、嗅觉或触觉等，翻页时的阴影让消费者从视觉上体验到了真实的感觉。

 如何提升客户体验

再回到前面所提到的竹炭，很多读者应该理解了，为什么竹炭作为一种具有高品质的产品在取得消费者认可的过程中，是如此的艰难和缓慢，其中一个重要的原因就是竹炭在客户体验方面存在不足，它表面是黑色的，味道是没有的，价格却是不便宜的，如何才能让消费者认同它的品质？

只有在客户体验上下工夫，让我们来想想办法，比如，不是说它可以调节室内空气吗？那好，在销售竹炭产品时，就应该赠送一个测量空气的仪器。先不管这个仪器的成本和售价是多少，先得让消费者用自己的眼睛看着仪器，亲自去对比竹炭使用前后，空气质量是不是得到改善了。

　　毕竟消费者不借助于仪器，仅凭鼻子和眼睛，是很难判断空气质量是高还是低，只是广告宣传说可以改善，但消费者的视觉、听觉、嗅觉或触觉中的一个感官都察觉不到，消费者反而可能因此而会怀疑该商品是不是有这种功能。

　　@微博观点#客户体验#：【语录·乔布斯：顾客并不懂自己】"如果东西不在眼前，你怎么能去问顾客想要什么，更何况顾客多数时候并不知道自己真正需要的是什么"——苹果公司创始人 乔布斯

　　对比前面两个例子，则说明了另外一条赚钱的秘技：客户体验，不是"可以有"，而是"必须有"！不妨大胆设想：给一个电子书安上一个可以感知风的设备，当窗外一阵微风徐徐吹过时，那书页是不是可以跳动几下？可以肯定，这种设计会在触觉上进一步提高客户体验，这样的产品都不赚钱，那就没有赚钱的产品了。

　　【商学院点拨——客户体验】

　　客户体验，也叫用户体验，是指用户使用商品过程中和使用后建立起来的最直接的主观感受，这种感受还会通过用户传递给其他用户。

　　不同的客户对一件产品或一项服务的体验大相径庭，同一客户在不同时刻上的用户体验也可能存在较大差异。那么，客户体验到底是由哪些因素决定的呢？在理论上，这些因素通常包括：产品（即时享用和后续使用）、服务（基本服务和额外服务）、关系（客户与商家的长期关系）、便利性（易获得、省时、省力）、品牌形象、价格（评价和客户细分定价等）。

　　一项成功的客户体验，通常是按照以下几个步骤构建起来的：①理解品牌价值；②了解目前的客户体验和期望；③确定关键体验；④对理想与实际体验进行差距分析；⑤制定需求以弥补差距；⑥将需求与企业策略及能力相结合；⑦实施持续改善的回馈机制。

秘技 9. 多品牌的风险分散

"没有竞争就不是市场经济，市场经济造就的本身就是竞争，所以企业不应惧怕竞争。"

——汇源饮料食品公司董事长 朱新礼

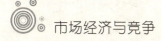 市场经济与竞争

市场经济的运行规律是什么？

过去计划经济时期，全社会物资匮乏，社会的供给满足不了人们的需求。就好比是在一个工厂内，有一个食堂为职工提供用餐，食堂每天只能做出 80 个馒头，每个馒头 5 毛钱，而要让全部职工都吃饱需要 100 个馒头，假设每个馒头不可以分开分配，那此时应怎么办？80 个馒头分配给哪些人？

这个时候，食堂负责人（类似于经济社会中的政府）就得事前制定一个分配馒头的标准，尽量保证最需要馒头的人都能够得到。在计划经济时期政府就用了"粮票"、"油票"等配给手段，也就是说，除了要花钱购买物资外，还得有政府的配给。

而如今，职工还是需要 100 个馒头就可以吃饱，但食堂经过多年的经营，获得了一定的利润，并用于扩大生产，同时还把食堂分割成了几个小的柜面，分别由几个人承包经营，打破了一家经营的垄断，竞争机制也形成了，这个食堂现在每天可以做出 120 个馒头。

那又出现另外一个问题：如何出售这多出来的20个馒头？

上面的例子只是一个缩影，它折射出来的恰恰是在30多年的改革开放后，我国市场经济的特点，不是物质不够，而是在很多领域，呈现出供大于求的格局。这也正是当前很多企业家所说的"残酷的竞争"。

后来，还没有卖出去的那20个馒头，食堂中的几个承包商都只好降价卖给职工，每个馒头4毛钱。

可是到了第二天，食堂中的承包商发现了一个很奇怪的现象，原来可以卖出的那100个馒头现在也没有人买了。为什么呢？因为职工知道，稍微晚点去买，可以用4毛钱买一个，大家都开始持币"观望"。

此时，承包商又着急了，开始有人坐不住，决定降价了。当第一个人降价出售时，他的馒头很快被职工抢购一空，其他的承包商看到此情况，也开始纷纷降价出售。

可到了第三天，定价5毛钱的馒头根本无人问津，所有的承包商在第二天的经验上，全部又统一定价4毛钱。

这样的结果，与每个馒头定价5毛钱的情况一样，又会多出20个馒头（或者稍微少于20个），于是，情况又开始重复。第二天直到降低到馒头的成本价每个2毛钱时，承包商开始犹豫了，如果继续降价，那会导致无利可图甚至亏损；如果定价每个2毛，那不仅没有利润，反而整个食堂还是会有卖不出的馒头。

此时，一些资本较小的承包商开始提前中止承包合同，退出经营；资本较大的承包商可能坚持的时间长点，留在了这个食堂，这就是市场经济的"优胜劣汰"。

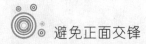 避免正面交锋

很多人可能要问：承包商是否只有被淘汰的命运呢？

其实不然，俗话说："狭路相逢，勇者胜！"当食堂中的承包商都在以 5 毛钱的价格出售馒头时，就形成了"狭路相逢"的局面，如何打败竞争对手占领市场？现实中，很多经营者只选择了一种战略——低价。

殊不知，降低价格只是打败对手众多策略中的一种而已。现实中有很多成功的案例，如零售商业巨头沃尔玛，就是凭着多年来的低价，吸引着全球的消费者，即通常所说的薄利多销。

但这种策略的成功往往需要另一个重要条件作为保障——资金雄厚，只有资金雄厚的企业才是"勇者"，拼的是谁能够亏得起、亏得久。如果这种策略运用不好，还会导致两败俱伤的致命后果。

除了降价，是否还有其他策略呢？答案是肯定的！增加产品的差异化程度就能够避免"硬碰硬"的两败俱伤。

对于大多数普通老百姓来说，每次去超市购买日化用品，可能都会被琳琅满目的产品看得眼花缭乱，不知道选择哪款产品。比如洗发的有飘柔、海飞丝；洗衣的有碧浪、汰渍；剃须用的有吉列、德国博朗等——可是很难想象这些都是出于一家名叫宝洁的公司（P&G）。

始创于 1837 年的宝洁公司是一家典型的差异化经营公司，1998 年，广州宝洁有限公司落户广州，是宝洁在中国的第一家合资企业。宝洁公司产品系列极为丰富，美尚系列产品有 OLAY、SK－Ⅱ、潘婷、飘柔、海飞丝、塞巴斯汀、沙宣、伊卡璐、伊卡璐丝焕、威娜、卡玫尔、吉列、德国博朗、舒肤佳等十余种；健康系列产品有佳洁士、护舒宝、朵朵、品客、欧乐－B

等数种；家居系列产品有碧浪、汰渍、金霸王、兰诺、帮宝适等品种。

就拿与头发有关的产品来说，就有飘柔、海飞丝、潘婷等，但各种产品的市场定位和功能定位都不尽相同，比如"飘柔"是顺滑，"海飞丝"是去屑，"潘婷"是营养，"沙宣"是专业美发，"伊卡璐"是染发等。

如此多样化的产品系列，可以避开产品之间直接"对抗"的局面，但无论是飘柔、海飞丝、潘婷还是沙宣而言，其主要成分几乎都差不多，只是突出了各自的"卖点"，这样也显得更专业。

多品牌差异化战略还能够避免某一品牌出现危机，从而牵连整个公司的局面出现。2006年，上海市食品药品监督管理局从12种SK-Ⅱ品牌化妆品中分别检出了铬、钕等有害物质，此消息一出，毫无疑问，不仅SK-Ⅱ商品销量骤降，品牌也受到负面打击，但是对于一般的消费者而言，同样会选择宝洁公司旗下的其他品牌。

有人说："不和强大的对手硬碰硬，走他所未走的，做他所未做的，循序渐进，等到充分占有了市场，就以重拳击垮竞争对手。"狭路相逢中，依靠降低售价的勇者，通常也是受到损失最严重的企业。

@微博观点#多品牌的风险分散#：【争论：鸡蛋怎么放？】"不要把所有的鸡蛋放在一个篮子里面"——投资名言；"把所有鸡蛋放在同一个篮子里，然后小心地看好。"——巴菲特。关于鸡蛋怎么放的争论从未停止过，这一问题代表的是两种截然不同的观点，需要企业家权衡实际情况后做出判断。

给消费者一个"爱上你"的理由

对于前面所述的那几个食堂承包商而言，最好的竞争策略不是比谁降价降得多、降得快，而是应该花时间思考一下：是否可以生产多种口味、多种档次的馒头？不仅口味不同，颜色是否还可以多样化？改行卖包子行不？就算下定决心只卖馒头，可不可以推出套餐？比如 6 毛钱可以卖一个馒头和一碗粥（假如一碗粥原价是 2 毛）等，这样的经营策略通常可以带给消费者多样化的选择，从而增加营业额。

同样的道理，倘若企业产品销售不好，大可不必死盯成本不放，因为成本的降低在特定条件下总是有极限的，如果没有什么颠覆性的技术进步，大幅降低成本那只能是以牺牲产品品质为代价，而且也常向消费者传递产品低质量的负面信号，不利于企业长远发展。

试着去尝试对产品作稍微的改变，就能让自己的产品与其他产品与众不同，给一个让消费者"爱上你"的理由！有的人喜欢不同口味的馒头，有的人喜欢不同颜色的馒头，还有一些人可能更喜欢吃包子……

【商学院点拨——多元化经营】

多元化经营，也称多样化经营或多角化经营，是指企业经营的范围不局限于单一产品（服务）或单一产业，而生产经营多种产品，甚至跨行业经营。

1957 年美国学者安索夫在《哈佛商业评论》上发表的《多角化战略》一文，在文中首次提出的多角化经营主要是针对企业经营的产品种类数量而言，并强调了多角化是"用新的产品去开发新的市场"。

多元化经营属于企业发展战略中的一种，根据各产品或行业之间关联方式的不同，多元化经营又可以分为同心多元化经营战略、水平多元化经营战略、垂直多元化经营战略、整体多元化经营战略四种类型。

多元化经营存在如下一些优点：

①提高资源利用效率。多元化经营中的多条生产线可以共用同一资源，如设备、信息系统、管理资源等，让资源发挥出更大的综合效益。

②分散风险。多元化经营的企业通常涉足多个产品和行业，当某一产品或行业受到负面影响时，其他产品和行业能够继续生存，除非这一负面影响十分严重，否则可以分散企业的经营风险。

③促进原有产品的发展。多元化经营中的新产品如果与原有产品存在互补关系，那么新产品的需求会带来原有产品销量的增加。

④助推企业转产转型。多元化经营能够帮助企业从原有业务向新业务平稳转型，可以避免企业因为新业务尚不成熟，而原有业务却已经下线停产对企业经营带来的波动。

秘技 10. 像苹果一样砸自己的饭碗

"一家企业要在市场中总是占据主导地位，那么就要做到第一个开发出新一代产品，第一个淘汰自己现有的产品。"

——英特尔公司原副总裁　达维多

"再一次，改变一切！"

这是在苹果体验店经常可以看到的一句话，它既可以看成是苹果公司的广告宣传词，也可以被看成是苹果公司的企业精神。

这句话，在乔布斯统治的苹果时代，被体现得淋漓尽致。它的每一款产品都会有或多或少的革新，许多还是全球第一次运用的技术，甚至还有不少产品具有划时代的意义，会改变人们的生活方式。

"不完美"的完美缺口

正如苹果公司商标标志所展示的那样，那个苹果总有一个缺口。如果仅从设计美感来看，这可能算是一件不完美的设计，它给人一种有缺陷的感官认识，让消费者很容易联想到，这家公司的产品会不会同样存在什么瑕疵？

但也许，这正是所谓的"苹果精神"所要传递的理念——永远没有一款产品是完美的！在现实中，可能会出现这样的情况：表面上，某一款产品已经处于世界最先进水平，是当前全球最好的产品，没有哪家公司可以超越它，但就算是这样的产品，也同样会有很多可以改进和完善的地方。

2007 年，当乔布斯拿着苹果公司推出的第一款智能手机，充满豪情的称道："iPhone 至少领先业界五年！"时，很多人都觉得他是在开玩笑、讲大话，因为当时手机市场的霸主是诺基亚、摩托罗拉、三星等一批早已成熟的公司，而出身于电脑制造的苹果公司，在手机行业顶多算一个名不见经传的新秀。

而如今，它的 iPhone 系列手机在智能手机领域可谓独霸天下，当初那些嘲笑的声音也在瞬间消失了。与此形成鲜明对比的是，昔日的"带头大哥"诺基亚和摩托罗拉难以掩饰自身经营上的困难，纷纷都在 2012 年制定了几千上万人的全球裁员计划，有关分析机构甚至预测，这股裁员风波还会波及更多的员工。

自苹果公司 2007 年推出第一代 iPhone 后，2008 年又推出了 iPhone 3G，2009 年 iPhone 3GS 问世，2010 年的发布的 iPhone4 更是经典路上的标志，也是这一款颠覆了众多技术的手机，让更多的人认识了 iPhone 以及苹果公司，还有乔布斯本人。尽管 2011 年"千呼万唤始出来"的 iPhone 4S 没能让顾客尽兴，但出于它是乔布斯这位"神一样的"人物最后的绝唱，它也受到了人们更多的尊敬。2012 年，终于 iPhone5 的全新版本出现了，市场反应极其强烈，据相关机构不完全统计，iPhone5 前三天的预定量已接近 iPhone 4S 首月整月销售量。

世人不禁要问，乔布斯是如何成功的？

其实，iPhone 的发布频率已经给出了答案，从 2007 年开始，iPhone 每年都会更新一个版本。也许有人会问："难道 iPhone 只有一年的使用寿命？"事实显然不是这样。表面上，每一代 iPhone 的推出，都表明之前所有的 iPhone 手机都落后了，因为新一代 iPhone 采用了更多的创新技术，那难道不是用新一代 iPhone 来否定过去的创新吗？

的确，倘若是一家普通企业，我想很多管理者在取得一项领先五年的创新后，肯定会整天思索如何守住这些创新，如何让这些技术为企业带来更多的边际利润。然而，乔布斯就是乔布斯，他没有停止前进，而是用自己的技术颠覆了自己的过去。

就拿最经典的 iPhone 4 来说，倘若没有 iPhone 4S，没有 iPhone 5 我想 iPhone 4 每年同样可以给苹果带来可观的销售业绩，因为它还有那么高的客户忠诚度，并且无须支付额外的研究成本，但这并不是苹果公司的风格。

这种自我否定的精神，其实早在多年前都初见端倪。比如当 20 世纪末 3.5 英寸软盘作为最主要的移动设备在电脑上广为使用时，苹果公司毅然放弃软盘在苹果 iMac 电脑上的使用，当几乎所有人都断言，苹果 iMac 电脑肯定销售不出去的时候，乔布斯和他的团队却坚信，USB 将是必然趋势，而事后证明这种远见也许只有乔布斯才具有。

像苹果一样砸自己的饭碗，不仅需要具有"砸自己饭碗"的技术创新，更需要的是"砸自己饭碗"的那份勇气和胸怀。

这份勇气和胸怀对所有企业都提出了一个要求，那就是，必须具有长远的眼光。企业要持续发展并壮大，不要死盯眼前利益，不要过多计较短期利润的大小，而是要志向高远。因为，即便是今明两年利润很好，但说不一定，后年就开始被对手公司赶超，只有不断的持续自我否定，才有最大的可能引领世界趋势。

在当今这样一个以创新作为时尚的环境中，取得一项创新突破并不难，但要长期持续的创新、变革，才是最难的。更何况，像苹果公司那样，一次又一次的对自己的创新加以否定，放眼全世界，恐怕只有苹果公司能够做到！

关于苹果公司的标志中为什么会有一个缺口，至今还没有一个统一的说法，尽管苹果公司事后开玩笑式的解释称：苹果标志中的缺口，是为了避免人们把苹果误认为是樱桃。但缺口的"不完美"所传递的用于创新的精神却与公众产生了共鸣。

不同领域的成功诠释着同一种精神

无独有偶，虽然不同领域或行业有其独特的表现形式，但对这种"砸自己饭碗"的胸怀与追求确实是一脉相承的。

不管是不是足球迷，很多人都对球王贝利这个名字耳熟能详，在他长达20多年的足球生涯中，共参加过1363场比赛，共射进1281个球，他还曾经"一过九"，甚至据说还单场比赛踢进8个球——将各项荣誉集于一身，贝利的身后永远都不乏光环。

1999年，贝利被国际奥运委员会评选为"世纪运动员"，2000年年底，又被国际足联评为20世纪最伟大的两名球员之一，2012年9月金足奖官网宣布巴西传奇球星贝利在第10届颁奖礼上领取了史上最佳球员奖项。

不仅如此，贝利还能充当"和平鸽"的角色。1970年，尼日利亚战乱纷纷，贝利来到该国首都拉各斯踢了一场表演赛，就这样，戏剧性的一幕出现了，政府军和反对派军居然喊了一声"暂停"，似乎这场战争变成了一场网络游戏，双方协议停火48小时，理由很简单，因为他们都要看贝利踢球！

然而，贝利的成功绝非只因为球技精湛，他对自己的严格要求也同样诠释了"自己否定自己"的精神。当他在里约热内卢的马拉卡体育场完成个人第1000个进球时，有人就问他："在你1000个进球中，哪个球踢得最好？"当所有人都在期待这位球王的答案时，他却给出了一个不是答案的答案，他意味深长地说："下一个。"正是这种对"完美"的追求，成就了一代球王的英名。

踢足球的人很多，球星也不少，但真正能被世人称为球王的人却寥寥无几，因为要成为名副其实的球王，不仅需要拥有出神入化的球技，更需要拥有超凡的人格魅力。然而，如果用辩证的眼光来看待这个问题，那么与其说是球王拥有超凡人格品质，还不如说是超凡人格品质成就了一代球王。

@微博观点#像苹果一样砸自己的饭碗#:【语录·格鲁夫:关于创新】
"创新是唯一出路,淘汰自己,否则竞争对手将淘汰我们"——英特尔公司
总裁 格鲁夫

不同领域,成功的形式大相径庭,但成功背后的原因却都一样。无论是高科技
行业的领军企业,还是体育界的传奇人物,都诠释着"自我否定"这同一创新精
神。对企业而言,最大的创新就是自己否定自己的辉煌过去。

【商学院点拨——创新】

不同学科对创新的解释都不一样,在企业经营中涉及的范围十分宽泛,
包括制度创新、技术创新、管理创新、产品创新、人才创新等多方面。

创新对企业发展和创造利润的重要性不言而喻,但是创新的过程也会面
对各种艰难险阻,这并不是一项容易的工程。因为创新意味的是对传统和
习惯的彻底颠覆,特别是对于高科技行业,产品换代周期逐渐加快,每一
代产品、每一代技术的价值被利用的时间越来越短,就连比尔·盖茨自己
都说:"微软离破产只有18个月。"

如果不进行创新,不主动否定自己过去的创新,那么就会像摩托罗拉一
样,今天的优势可能就是明天的劣势,今天的优势越大,明天转化成劣势
的可能性就越大。

秘技 11. 持续的利润出自精品

"如果你的公司不能生产高质量的产品，那么你的选择只有两种，一种是向低收入的消费群进行销售；另外一种就是被淘汰。"

——现代营销学之父　科特勒

在所有的行业中，也许产品或服务的特点并不一样，但有一条赚钱的定律却适合所有的行业，这条定律就是：持续的利润出自精品！

一位作家要成名，只需一部不断被人传诵的佳作；一位歌手要成名，只需一首唱红大江南北的歌曲；一位导演要成名，只需一部问鼎奥斯卡的影片；一位科研人员要成名，只需一项改变世界的创新；一位足球运动员要成名，必须掌握出神入化的足球技术……

卡梅隆的捞金术

在过去几次比较严重的金融危机中，研究者惊奇的发现，经济发展与人们观看电影的意愿存在较大关联性，即经济衰退时，人们愿意花更多的时间和金钱去影院观看电影，因而影院的票房收入不仅没有因为金融危机的冲击而减少，反而取得大幅增长；相反，在经济形势大好的局面下，票房收入的增加反而不尽如人意。

随着《阿凡达》和《泰坦尼克号》（包括 3D 版）取得的巨大成功，人们对这两部经典之作的著名导演卡梅隆有了更多的认识，因为这两部影片中的任何一部都可以被载入世界电影史，他们所取得的票房收入更是让人惊讶。

如果把导演卡梅隆放在国内来做比较的话，他真的算不上高产量的导

演。因为自从执导的《泰坦尼克号》于 1997 年上映后，就一直比较沉默，渐渐淡出公众，直到 2009 年《阿凡达》的惊人出世，再一次证明了他的确称得上"电影世界之王"这个称号。

卡梅隆有这样一个特点，他的每一部电影都算得上是精品，每一部影片都是酝酿许久后的杰作，在这一点上，他与苹果公司的创始人乔布斯完全相同。无论是拍出来的电影，还是做出来的苹果产品，他们都力争做到第一，代表当今世界的最高水平，无人能够超越。

《泰坦尼克号》以 18 亿美元创造了当时的票房纪录，并一直未被其他影片打破，直到《阿凡达》的出现，卡梅隆又一次用自己的影片刷新了自己的纪录。

卡梅隆绝对算是一个完美主义者，和他合作过的大部分人都难以包容他的"苛刻"，也正是这种"苛刻"，才诞生了一个又一个无法超越的经典。

以《阿凡达》为例，剧本早在十几年前卡梅隆就已经写好，但他并没有心急，也没有急功近利，而是等待时机，这个时机不是资金和人员上的充裕，而是技术的进步。

尽管卡梅隆清楚地知道，在十几年前那样的技术条件下，《阿凡达》成功的概率也很大，但他始终觉得还没有等到最佳时机，还不能将潘多拉星球上的梦幻仙境淋漓尽致的呈现给观众，为此，他选择了"消失"，选择了厚积薄发，这几年间并没有参与太多的其他影片制作。

《阿凡达》共酝酿了十几年，十几年前都写好了《阿凡达》的剧本，拍摄了四年，投资了 5 亿美元。

从本质上讲，《阿凡达》不仅是一件艺术作品，更是市场经济竞争中的一件文化商品，毋庸置疑它获得了巨大的成功。这除了经济形势大环境的有利助推外，还更应该归功于卡梅隆的捞金术——不求数量的多寡，但求质量的精品！卡梅隆的成功很好地证明了那句名言——"自己和自己赛跑的企业，永远不会丧失竞争力！"

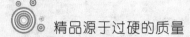

如果要用企业经营方面的理论来解释卡梅隆的影片，那么卡梅隆所代表的是企业经营过程中的精细化，而精细化常常是企业产品完美的重要保证。

精品源于过硬的质量

无论你是分析国内的电影市场，还是扩大视角研究其他企业，你会惊讶地发现，很少有企业能够沉下心来打造精品。因为他们一开始也许还知道，企业应该有创新、有研发、有远见、有精品意识，然而到最后却走了另一条道路。因为当企业还处在养精蓄锐阶段时，其他同类并不完美的产品已经迫不及待地推向了市场，可能企业短期也还盈利不少。

在这种情况下，绝大多数的企业家难以按捺住心中的兴奋，开始跃跃欲试，总是希望尽快将产品推向市场，收获利润，当初那份打造精品的愿望和决心早已被抛到九霄云外，这样推出来的产品多数情况下都不是最完美的产品，当然这样的企业也是不能够持续盈利的企业。

如今，海尔这一品牌不仅在国内家喻户晓，而且在全球范围内，海尔也绝对称得上是白色家电行业的霸主。2011年12月15日，据世界著名消费市场研究机构——欧洲透视发布最新数据显示，海尔在世界白色家电品牌中排名第一，全球市场占有率7.8%，第三次蝉联全球第一。它的管理理念和企业文化早已入选包括哈佛大学在内的国际名校的经典案例，但海尔的成功也绝不是一蹴而就的。

从1984年成立至今，在近30年的发展过程中，海尔经历了太多的沧海桑田，风云变幻。国内国际市场随着时光流逝，早已今非昔比，但公司首席执行官张瑞敏却从来没有忘记产品质量的重要性，1985年的那一场砸冰箱事件，现在想起来，还会让经历过的员工记忆犹新。

1984 年，张瑞敏就已经意识到企业的产品质量是个突出的问题，于是在厂内大力提倡质量管理，不断强调质量就是企业的生命力。可是，当时厂内的员工依旧还被计划经济时代传统的思维方式束缚，认为在物质匮乏的年代，质量不好也卖得出去。

然而，因为一位普通消费者的质量投诉，让张瑞敏下了最后的"屠杀令"，亲自带头对仓库中检查出来的 76 台不合格冰箱全部砸掉。在 20 世纪 80 年代的中国，一台冰箱在人们心目中的地位绝不亚于一件奢侈品，因为一台冰箱在当时的售价大概 800 元，而海尔集团员工每月工资才 40 元，更何况有 76 台之多，现场的员工都纷纷掉下了忏悔的眼泪。

时至今日，"注意质量、打造精品"的理念在海尔集团内早已从制度约束凝聚成了企业文化的最强音。

【商学院点拨——精细化管理】

1911 年，科学管理之父泰勒的著作《科学管理原理》，拉开了精细化管理研究和实践的序幕。当时，泰勒对各项工作的主要流程进行了全面分析，并深入考察了各个生产步骤的特点，不仅找到了浪费成本的环节，而且还发现了其中不少可以减少人力劳动的地方。比如，泰勒对工人使用铲子劳动的过程进行了细致的观察和分解。他发现过去使用单一的铲子的做法并不是科学的，也就是说，并没有将人力劳动发挥到极致。他对铲子的不同类型以及铲子中装载物体的重量都进行了大量的统计，从最后得到的数据中，泰勒总结出了铲子的最优种类和最佳载重量。他将这一分析结果运用到实践中，使得工厂的工作效率得到了极大的提高。

泰勒在早前的著作中所传授的具体方法，虽然已经不适合当今现代企业的生产特点和生产方式，但其精细化管理的精髓还经久不衰，并一直指导着当今企业的管理行为。

秘技 12. 美特斯邦威的不寻常路

"如果品牌缺乏一个独一无二的定位，将会像房子没有产权一样，令企业无立足之地，哪怕你是如 IBM、美国西南航空一般的"航母"，也不能幸免……"

——定位理论之父　特劳特

企业家也好，职业经理人也罢，工作很忙，每天都在不间断地应付各种日常事务，眼界很难跳出企业谈企业，以至于他们说不清楚自己为什么要创业？为什么要生产这种产品而不是其他产品？提供的产品或服务又有什么特点？它能够帮助人们解决哪些问题？如何将自己的产品与竞争对手区分开来？如果没有自己的这些产品，世界会不会因此而改变？……

这些问题都可以归结于定位问题，包括某一特定产品的定位、企业的定位或战略的定位。

如何准确定位，对多数企业而言并不是一件可以随随便便的事情，而是关系到企业持续发展的战略问题，它是企业经营的基调和服务的指向；但同时，定位也是一件极其困难并充满风险的决策，它可以帮助一家濒临破产的企业绝地逢生，也可以使一家在市场中呼风唤雨的企业一落千丈。

那么，究竟什么是产品定位呢？简单来讲，产品定位是指企业生产什么样的产品来满足顾客的消费需求。在我国经济转型这一大背景下，国内诸多企业都曾经或正在经历着定位重塑的转折期：重塑成功，企业品牌和形象必将再上新台阶；重塑失败，必将重创企业。

"不走寻常路"的辉煌

在我国快时尚品牌中，美特斯邦威算得上是引领者，正如其广告词"不走寻常路"所描述的那样，美特斯邦威这家上市公司，自成立以来，走出了一条不同于传统服装企业的发展之路，产品定位初见成效。

美特斯邦威是一家成立于 1995 年的本土休闲服饰品牌，总部设在上海，是中国休闲服饰行业的龙头企业。该公司于 2008 年 8 月成功在深圳交易所上市，股票简称"美邦服饰"。在 2010 年胡润品牌榜中，"美特斯·邦威"以 83 亿元品牌价值，排名第 48 位；2011 年，以 115 亿元品牌价值，排名第 43 位。2012 胡润民营品牌榜，"美特斯·邦威"品牌以 78 亿元品牌价值，排名民营企业中第 19 位。

早在公司成立初期，内地很多服装企业都还停留在加工做衣的阶段，对品牌建立的意识还十分薄弱。而美特斯邦威在 2001 年就与当红明星郭富城签约成为其代言人，这一营销策略收到了良好的市场反响，美特斯邦威这一品牌也因为明星效应而快速被人们所认识。

随后，在 2003 年，美特斯邦威又邀请当时迅速走红的周杰伦作为代言人，这一决策无疑给公司带来了难以估计的经济效益，甚至人们会将周杰伦的形象与美特斯邦威产品的风格联系起来。

无论是早期的郭富城还是周杰伦，到后来的张韶涵、潘玮柏、林志玲等，都给公司的产品塑造了很好的青春、活力、叛逆的"不走寻常路"的形象，再加上在国内外的影视市场中植入各类广告的方式，如《变形金刚3》等，提高了企业的知名度和产品定位。可以说，美特斯邦威借助明星的影响力和效应，快速被年轻人认可，公司将产品的人群定位在 16 ~ 25 岁的年轻人身上，事实证明这是非常明智的决定。

近年来，随着公司发展战略的调整，美特斯邦威公司开始扩大自己的产品线系列，构建了 Meters/bonwe、ME&CITY（包括 ME&CITY Kids）、AMPM 三大主力品牌。

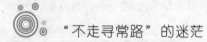

"不走寻常路"的迷茫

随着行业竞争的加剧以及年轻一代消费习惯的改变，美特斯邦威在我国率先积极学习国外著名品牌 ZARA 的经营模式，主攻我国的快时尚消费市场。同时扩大了品牌系列，推出了 ME&CITY、童装以及网上专供品牌 AMPM 等多个系列的产品。可这次的"不走寻常路"似乎遇到了企业发展道路上的重重阻碍，产品定位面临着严峻考验。

正如特劳特所言："的确，定位过程中最大的诱惑就是来自于品牌延伸，但定位的原则也需要灵活变通，一种定位理念可以转变成不同的产品形式以取得品牌延伸的实际效益。"

近年来，国际快时尚品牌在国内异军突起，给国内自主品牌形成了极大的威胁，如西班牙的 ZARA、瑞典的 H&M、日本的优衣库等。对此，美特斯邦威公司的创始人周成建不得不及时做出调整。

因此，2008 年公司推出了更高档次的品牌 ME&CITY，主要定位人群是 22~35 岁的漫游在各个城市的社会新人、职场新贵和城市中坚阶级，但 ME&CITY 推出后并未取得预期的成功。在推出 ME&CITY 时，公司依然采用了大牌明星代言的营销策略，邀请了《越狱》的男主角米勒，试图在一开始就打造国际高端品牌的形象。

然而，ME&CITY 的上市并未如愿以偿，2009 年公司给 ME&CITY 定下

20 亿元的销售目标，但最后却只卖出 3.5 亿元。尽管公司将 ME&CITY 推出时就考虑到了品牌形象的问题，但很多细节和更深层次的问题却被忽略。比如，在 ME&CITY 上市初期，仍然使用的是传统的销售渠道，只是在卖场的一个区域单独划分出来专门用于陈放 ME&CITY，这对于销售者来说，却似乎有点格格不入。因为 ME&CITY 打着传统美特斯邦威的旗帜，却标出了高出好几倍的价格，再加上 ME&CITY 的设计也没有给人带来足够高端品质的冲击感，仅是更加成熟了而已。

除此之外，更深层次的原因还在于传统 Meters/bonwe 品牌和 ME&CITY 品牌之间的关系模糊甚至"冲突"密切相关。按照一般服装业的商业模式，当一个品牌运作成熟，在市场中非常成功后，并不是不可以推出其他相关联的品牌，但通常而言，新推出的品牌应比先前品牌低。因为对于消费者而言，他可以用较低的价格买到好品牌的产品，消费者对此是认可的，也不会降低对原品牌的层次定位。

这样的公司很多，比如红豆公司通过多年的努力，成功地塑造了很多高端品牌，之后再推出了比红豆稍微低端一点的品牌——相思鸟，同样取得了很好的市场销售。

又如，创建于 1913 年的 Prada 这个品牌已经存续了一百年，作为一家百年老店，它的产品得到了上流社会的认可，于是公司在 1993 年发布了针对较为年轻顾客的 miu miu 系列，这个系列的产品相比 Prada 稍低一些，但取得的销售业绩同样令人咋舌。同年，第三代传人 Miuccia Prada 夺得 Council of Fashion Designers of America 的国际大奖；1995 年，被评为"最佳时装设计师"。

从美特斯邦威近年来的发展状况，不难看到，一家企业或者一个品牌的战略定位至关重要，它不仅决定了自己这家企业或品牌的成败，还会影响到与此关联的其他成员企业或关联品牌。

"成也萧何，败也萧何。"从目前的经营困境来看，美特斯邦威多年前的"不走寻常路"铸就了过去的辉煌，而如今，依旧是"不走寻常路"，但却让企业陷入了困境。

事实上，国内服装品牌在产品重新定位的这条崎岖而又必经的道路上，不只美特斯邦威一家公司处在阵痛期，国内运动品牌李宁也同样在近年来经历着迷茫的定位重塑。

2008 年奥运会上李宁的亮相无疑帮助李宁公司做了空前绝后的历史性的营销，当年以及 2009 年的销量和利润令人满意。可是到了 2010 年，李宁公司主动求变，改变了公司的 Logo 和口号，但这一次"一切皆有可能"并没有让李宁"有可能"，其股票从 2010 年年初的收盘价 28.6 元下降到 2012 年 6 月 29 日的 4.34 元。

究其原因，不难看出，产品定位一直困扰着李宁的发展，曾经有人这样简单地描述："如果走高端，每双运动鞋定价六七百元，还不如买耐克或阿迪达斯；如果走低端，每双运动鞋定位一两百元，而这部分市场都已被安踏、361°、匹克、特步等国产品牌瓜分了。如果不改变，依旧专攻四五百元这一中端市场，可是耐克和阿迪达斯却在主动降价进攻，真可谓'前有拦截后有追兵'，进退两难。"

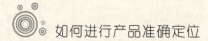

如何进行产品准确定位

要进行较好的产品定位，首先需要做好市场定位，即企业将什么样的客户作为自己的目标消费群，只有深入的理解目标消费群的特征以及其对产品的特有需求，才能指导企业做好产品定位的规划。每一类销售者都有自身的特定需求，并有可能与其他消费者的需求大相径庭。产品定位的常用方法有产品差异定位法、客户定位法、分类定位法、关系定位法、问题定位法等多种。

通常而言，产品定位需要经历如下几个步骤：

①分析自身产品的特点。分析企业以及产品的特点是进行产品定位的起点，也就是了解自身的过程，只有全方位、多视角深入理解了企业的产品，才能够准确地

找到企业在整个市场中的位置。

②找出自身产品与竞争对手产品的差异。毕竟这是一个竞争激烈的市场，深入了解自己的产品还远远不够，还更需要"知彼"，从而找到自身产品与竞争对手产品的异同，这样才能够较好地进行 SWOT 分析，避免与竞争对手正面交锋后导致的两败俱伤。

③分析备选的目标市场特征。通过与竞争对手进行比较后，一般而言，就可以确定自己的目标市场了，如果这个目标市场尚未出现或培育得还很不成熟，那么，盯住这个目标市场就占据了先发制人的高度；如果目标市场已经被人抢占先机或培育得非常成熟了，就算最后决定主攻这个市场，那也比盲目的产品定位具有更大的胜算把握。

④与选定的目标市场进行对接。当目标市场已经选定并对其需求进行了深入的剖析后，就应该将自身产品的特性与目标市场的需求进行对接，分析自身产品是否能够满足目标市场的需求，倘若对接效果不好，就应该反过来进一步调整自己的产品特性或确定新的目标市场。

【商学院点拨——定位理论】

1969 年里斯和特劳特在《广告行销》杂志的《定位：同质化市场突围之道》一文中，首次使用了"定位"一词。他认为定位是指企业必须在外部市场竞争中界定能被顾客心智接受的定位，回过头来引领内部运营，才能使企业产生的成果（产品和服务）被顾客接受而转化为业绩。

在 20 世纪 70 年代，特劳特又在《定位时代》一文中，正式开创性地提出了定位理论，因此特劳特也被尊称为"定位理论之父。"后来，特劳特个人及其与里斯的一系列合作研究成果《定位》、《新定位》、《22 条商规》、《大品牌大麻烦》等，不仅奠定和巩固了其在学术界德高望重的地位，而且这些经典著作被全球的商业人士奉为圣经和必读书籍。

特劳特所成立的美国特劳特咨询公司客户有：IBM、惠普、宝洁、汉堡王、美林、施乐、默克、莲花、爱立信、Repsol、雀巢、西南航空等多家世界500强企业。2001年，定位理论压倒菲利普·科特勒、迈克尔·波特等同样享誉全球的市场营销专家，被美国营销协会评为"有史以来对美国营销影响最大的观念"。

特劳特关于定位的思想也是在不断发展和完善的，从"定位就是使品牌实现有效区隔"到"定位就是在迅速扩展的品类汪洋中实现差异化形象"，再到"定位就是要与众不同、独特的差异化，它是战略的全部"，并在最近提炼为"定位不仅仅是实现产品在消费者心目中的差异化，更重要的是它应该成为企业战略的先导，成为公司资源配置和运营的基础"。

秘技 13. 利润绝不等于速度

"我们想做一家长久的公司，要做百年老字号，不急于一下子很出名，利润很高，然后很快就垮了，这是第一条最重要的目标。"

——联系集团名誉董事长 柳传志

几年前，在一场研讨会上，有一位企业家在介绍自己创办企业的发展历程时，信心十足，侃侃而谈，他讲道："我们企业只在刚开始成立时，遇到了一些困难，而后一直经营得很好，最近几年更是如日中天，产品销量一直供不应求，国外订单每年都在以 50% 以上的速度增加，利润当然也水涨船高。"

当听到这些话，坐在身旁的一位从事私募投资的朋友，开玩笑似的小声跟我说："这家企业危机重重，连老板都'自我感觉良好'，我们不会投这样的公司。"我没有回应什么，只是微微地点了点头。

不知碰巧还是"命中注定"，这位从事私募投资的朋友还真成了"乌鸦嘴"，不到一年，那家企业的产品质量出现了致命的缺陷，导致产品的国际认证被摘。众所周知，在国际贸易中，由于存在严重的信息不对称，国外客户对国内企业的诚信、品质、历史等都不甚了解，因此，他们通常都以独立第三方的认证来确定是否采购。

就这样，由于没有得到国际认证体系的权威认证，产品无法交付，不仅没有完成交易，赚到应有的利润，而且国外客户还要求支付违约金，企业一时间不知所措。

古人云："欲速则不达"。后来，这家企业在自我反省中，总结出了这样一点："过去几年的快速发展，只是产品销量单方面的增加，而内部管理水平并没有跟上，机构设置不科学、管理层级混乱、风险控制不到位等问题十分突出……"

真正的危机

其实，这家企业在发展速度上遇到的问题只是一个缩影，就连很多大公司也会犯同样的错，如果说犯错本身并不是什么危机的话，那么犯错时还不知道自己正在犯错，这才是真正的危机。

丰田汽车公司是日本一家创立于1933年的全球著名的汽车制造企业。2008年金融危机爆发，美国通用汽车公司申请破产保护，随即丰田汽车公司取而代之，成为全球排名第一的汽车生产厂商。但是好景不长，丰田汽车公司仿佛着了魔似的，陷入了"踏板门"、"刹车门"、"漏油门"等多种安全隐患和安全事故的漩涡中，与此同此，批评的声音也不绝于耳。

2009年11月25日，由于脚垫滑动可能会卡住油门，在美国召回凯美瑞、亚洲龙、普锐斯等车型共计426万辆；同年12月24日，由于VVT-i机油软管内壁破裂、机油软管漏油，在中国召回4.3万辆；2010年1月21日，因油门踏板存在故障隐患，在美国召回230万凯美瑞、RAV4、卡罗拉、汉兰达等；同年10月21日，因刹车总泵油封存在缺陷，可能会影响行驶安全，在全球范围内召回153万辆问题汽车……

丰田汽车被视为日本制造的象征，它的优良品质，它的质量体系，还有它的省油环保理念一直被其他企业作为学习的标杆。可是作为全球排名第一的汽车制造商，为何遭遇了多事之秋？曾经作为核心竞争力的质量安全怎么就突然面临一波未平一波又起的不断拷问？

究其根本，这都是企业发展过快、扩张过度造成的。

据分析，丰田汽车公司为了快速发展，抢占市场，采用了零件通用化的方法。简单来讲，就是在众多车型中使用同一类型的零部件，其优点就在于可以减少零部件研究成本，同时增加同一类型零部件的生产批量，实现规模效益，降低单位零部件制造成本。这就为后续的故障埋下了隐患，毕竟有些车型为了取得某种特殊功能并不合适通用化。

祸不单行，随着产量的增加，对零部件的需求自然也随之增加，为了降低人工成本，并保证足够的供应，丰田汽车公司放弃了自己坚持多年的本土化制造的原则，而是在全世界制造成本较低的地区进行加工生产，这极大的弱化了丰田汽车公司对零部件质量的监督和控制能力。

丰田汽车公司的扩张本身无可非议，这也是企业发展的必然路径，但是在扩张之前，应该问问自己：管理能力能否跟得上？

◎ 利润绝不取决于企业的发展速度！

想赚钱的心理人人都有，能赚钱的机会到处都是，可是，你曾经是否思考过，有些金钱与你本是"无缘"的！这可能有些悲观与消极，但却又是商场中的金科玉律。就好像是行驶在高速公路上的汽车，事故发生的概率与行驶速度之间存在明显的正比例关系，速度越快，发生事故的可能性就越大。

一家有望成为百年老店的企业，是绝不会只盯住资产规模、销售数量等衡量发展速度指标，而是每时每刻以企业可持续发展为导向，不断向自己提问："这项投资、这项决策是否有助于企业在品牌、文化、社会责任方面的积累？"

美的集团创始人、原董事长何享健曾有一段这样的回忆："头脑热起来是因为我们那个阶段经营很好，环境也热衷于并购、走多元化。一个企业，一个人，在好的环境下容易出事，容易乱来，容易忘乎所以。但是很快，别人的失败让我意识到，我们的管理、资源、人才根本支撑不了这样的扩张。我很快冷静下来了。"

与那些只追求短期利益的企业家相反，立志于百年老店的企业家，通常都有一个共同特征，那就是当意识到发展过快时，他们会放缓企业的发展速度。在短期利益追求者看来，这群人通常都是"有钱不赚"的傻瓜，可历史一次又一次的证明，正是这种傻劲，才铸就了大智若愚的基业长青！

二千多年前，在西汉的《神农本草经》中，有如下记载："阿胶'生东平郡，煮牛皮作之，出东阿'"，李时珍也在《本草纲目》中将其称为"圣药"，与人参、鹿茸并称为"滋补三宝"。而二千多年后的今天，阿胶依旧在被人们食用，作为国内最大的阿胶生产企业——山东东阿阿胶股份有限公司，据估计，主流市场占有率高达75%，并控制了国内80%～90%的驴皮的原材料供应，公司还拥有国内唯一的驴皮驴肉进口许可证。

然而，当企业发展得如火如荼的时候，近年来的连续大幅提价把这家深交所上市公司推向了舆论的风口浪尖。与提价形成鲜明对比的是，2011年东阿阿胶块的全年销量至少下降了约20%。

为何有钱不赚？这成为了社会各界讨论的热门话题。

据总经理秦玉峰解释，这是由于现代农业发展的结果。过去，驴是重要的农作工具，农民饲养的驴数量较多，而如今，农业机械化在很多地区已经取代了传统的耕种方式，驴皮数量急剧下降。据国家统计局统计数据显示，1996—2010年间，国内的活驴存栏量已经由1996年的944万头下降到了2010年的640万头。尽管东阿阿胶公司开始自行饲养驴，以保证原材料的供应，但这还远远不能满足公司需要，每年3000吨的生产产能，大约有1000吨由于驴皮不足而长期处于过剩状态。

在供不应求的市场环境下，甚至有人质疑东阿阿胶的原材料造假，而事实证明，东阿阿胶在诱惑面前保持了清晰的头脑，并没有为了销量，为了利润，为了市场份额弄虚作假，而是以质量和品牌为重主动减少产量。

对于一家立志于长久不衰的企业而言，有时候，放慢发展的步伐恰是另一种更稳健的前进。

快速发展需要关注的问题

从上面的例子可以总结出一条基本结论：企业的发展并不是越快越好，发展太快，也许暗示着危机重重，对此有人还可能会提出反对意见：如果发展太慢，岂不是有可能被竞争对手夺去了市场？

是的，企业不仅不应发展太慢，而且在很多时候，还应该占据先机，先发制人。我们并不反对企业的快速发展，但在准备进行快速扩张前，请先看看自己能否很好地回答如下问题：

①市场容量有多大？快速发展是否有助于积累品牌和文化？

②快速发展所需资金从何而来？是风险投资？还是银行借贷？抑或是上市融资？

③风险投资可接受的投资收回期是多长？在这之前能否盈利？

④银行借贷的利息费用对企业来说，是风险负担？还是杠杆收益？

⑤上市的可能性有多大？

⑥内部管理能否跟得上？能否在短期间内聘请到能胜任的人员？

⑦扩张失败对企业打击有多大？失败后企业还能否从头再来？

【商学院点拨——企业可持续增长率】

可持续增长率是不发行新股、不改变经营效率（即销售净利率和资产周转率）和财务政策（即产权比率和利润留存率）时，企业销售所能达到的最大增长率。

可持续增长率＝销售净利率×总资产周转率×期初权益期末总资产乘数×利润留存率

或：可持续增长率＝利润留存率×销售净利率×权益乘数×总资产周转率／（1－利润留存率×销售净利率×权益乘数×总资产周转率）

可持续增长率是企业当前经营效率和财务政策决定的内涵增长能力，它是理论上计算出来的企业可以维持现有水平的增长率，在这种增长率下，企业的经营状况和财务状况只是上一年增长率简单的复制。由上述内容可以看出，企业的可持续增长率是由销售净利率、总资产周转率、权益乘数、利润留存率四个因素共同决定。

而某一年的实际增长率与可持续增长率可能会出现偏差，既可能高于可持续增长率，也可能低于可持续增长率，其原因是企业的经营效率或财务政策发生了改变。出现这种偏差并不能表明企业一定出现了某种问题，但它却提醒着企业，应该为高于可持续增长率的增长事先做好各种应对准备，为低于可持续增长率的增长找到问题的症结所在。

秘技 14. 一件好产品，一段好故事

"如今，世界上最轻易的赚钱方式是什么？在家编故事，出门讲故事，见人卖故事。"

——著名品牌战略专家　李光斗

人类似乎有一种抹不掉的"故事"情结，从呱呱坠地到年老逝去，一生都有故事相伴。当还在摇篮时，妈妈一边摇着摇篮，一边给我们讲《一千零一夜》的故事；当初进学堂，老师开始给我们讲司马光砸缸；而后上了中学，又喜欢上了青春文学和武侠小说；进入大学，转而阅读了大量专业领域中的伟人故事；到了研究生，导师一遍又一遍的教导我们，做研究必须学会讲故事；当今诺贝文学奖获得者莫言更是讲故事的大家。

本以为毕业了，就没有故事了，可哪知道整个经济社会又何尝不是一部更大的故事。刚进入公司，同事给你讲公司发展的故事；谈恋爱时，不断有人提醒你："爱她，就带她去哈根达斯"；结婚时，似乎只有"I Do"才足以表达"爱是一辈子的约会"……也许这正是"故事"的魅力所在，任何一件事物肯定都有一段故事，企业生产的产品或服务也不例外，能不能传递给你的客户取决于你有没有发现这样的故事，尤其是那些好故事。

@微博观点#一件好商品、一段好故事#：【摘录·经典广告：旅行就是找到生命的意义】Louis Vuitton 广告："为什么去旅行，旅行不是一次出行，也不是一个假期，旅行是一个过程，一次发现，是一个自我发现的过程。真正的旅行让我们直面自我，旅行不仅让我们看到世界，更让我们看到自

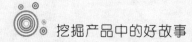

己在其中的位置。究竟是我们创造了旅行还是旅行造就了我们，生命本身就是一场旅行，生命将引你去向何方？"——摘自李光斗《故事营销》

挖掘产品中的好故事

故事营销已经成为商家的必争之地，一段好的故事能够帮助企业打造永恒的"话题"，能够引人入胜，能够给人遐想，能够培养消费者的忠诚度。

故事营销是企业利用与企业及其产品相关的故事，来吸引消费者并让消费者对企业及其产品最终认可的一种营销方式。这些相关的故事既可以是企业及其产品真实的历史，也可以是虚构的各种传说，既可以是人物故事，也可以是事件与典故等。

站在企业经营的角度，真正懂得经营哲学的企业，不应简单的为卖产品而卖产品，而是应该卖这件产品的故事。因为在很多时候，产品本身并不迷人，但如果产品蕴含着一段令人印象深刻的故事，那么再普通的产品也会变得光彩夺人，并且人们也愿意为这样的故事多掏腰包，消费者是理性的，但同样更是感性的。

很多男士都正在或曾经使用过 Zippo 打火机，一个普通的 Zippo 打火机在国内也会卖到百元以上，大家都觉得它很贵，因为这个小小的打火机，除了抽烟点火以外，也谈不上有什么特殊的使用价值，并且还要补充燃料，更算不上方便，顶多觉得它比其他打火机美观一点。如果你是这样认为的话，那就完全错了，可以说，Zippo 是把讲故事的方式发挥到了极致，这背后当然也少不了产品过硬的品质和性能作为强有力的保障。

1974 年，一名叫丹尼尔的空军飞行员，在一次飞行中刚起飞离开机场不久，就遇到故障被迫降落，但这名飞行员降落的地点不是陆地而是海上。在如此浩瀚的海洋中，救援人员如何准确找到降落区域是令人十分头痛的事情，就在这时，救援人员发现了海面上的一小团火焰，并迅速向火焰方面行进，而这团火焰正是丹尼尔用 Zippo 打火机发出。

无独有偶，更被众人津津乐道的故事发生在越战期间，美国一名士兵安东尼被子弹击中左方胸部，当所有人都认为安东尼肯定一命呜呼的时候，却神奇的发现他安然无恙。后来才得知，是 Zippo 救了他的命，因为被子弹击中的部位正好被 Zippo 挡住了，这个打火机也一直被安东尼视为救命恩人。

Zippo 打火机像这样的故事举不胜举，每一个小故事都可以让消费者带着感性去购买，因为在他们看来，Zippo 打火机不仅只有物质上的高品质，而且包含着难以言语的情感因素。

 ## "卖"企业同样需要故事

其实，不仅卖产品需要故事，卖企业更需要故事。在现代公司制度下，要做大做强，离不开资本市场，公开交易的市场也好，非公开交易也罢，资本的力量在企业发展过程的影响力越来越大，登陆交易所上市已经成为众多企业最重要的阶段性目标。

企业从创立到成熟，要经历多个阶段，每个阶段几乎都离不开资本市场。只有得到资本市场源源不断的资本支持，才能够度过负利润的创业早期，尤其是投资期，才有望逐步实现扭亏为盈，并最终得以生存与发展。

创业初期，在借助风险投资和私募基金这一助推器时，公司要给特定对象的投资者讲有关公司的宏伟蓝图和股权分配的故事；当公司符合上市条件时，需要给非特定对象的投资者讲有关公司市场地位和融资需求的故事；当公司发展成熟后，还得不断给投资者和债权人讲有关公司发展规模和资金链条的故事……在每一个阶段，故事内容都不一样，但故事都必须足够动人。

在现实中，最吸引人的通常是公司首次公开发行股票时的故事，也就是 IPO 路演的创业者讲述的故事，因为在此时，公司面对的是形形色色的投资者和监管者，各自的利益诉求都不相同，如何尽最大可能打动最多的投资者，考验的是公司管理层"讲故事"的能力。只有打动了投资者，才有可能把公司"卖"给投资者。

汇源集团成立于 1992 年，目前已在全国建立了 130 多个经营实体，以果汁产业为主体，形成了汇源果汁、汇源果业、汇源农业互相促进、共同发展的新格局。2007 年 2 月 23 日，"中国汇源果汁集团有限公司"股票在香港联交所成功挂牌上市，它的成功除了其龙头地位和如日中天的经营势头外，还得益于那位会讲故事的老板。

不妨先假设这样一个情景，你就是汇源果汁的老板，当公司正在 IPO 时，你会怎样向投资者推荐汇源果汁的股票？也许每个人心中都有自己的一段台词，而北京汇源饮料食品公司董事长朱新礼简单但又不失真诚的故事打动了很多人。

据一位资深投资银行家介绍，朱新礼曾是这样向投资者介绍汇源公司的："女士们，先生们：下午好，我是朱新礼，我是山东人。1992 年山东苹果大丰收，可是都烂在地里了，我很心疼，但是我看到外国人家里的冰箱都装满了果汁，我们家里却都是酒，我就在想，可不可以不要让苹果烂掉，把它们做成果汁、果酱，这样人们少喝酒多喝果汁，就可以改善人们的生活。于是我做这个东西，从山东做到全国，我这一辈子就准备做这个果汁果酱了，因为我国的人均果汁消费才是美国人的 1/30。"

简短的话首先道出了汇源果汁是干什么的，同时还表明其成立企业的初衷是因为怀有珍惜劳动成果的品格，最后传递给投资一个重要的信息，那就是该公司在全国已经拥有较大的地位和市场，并通过与美国的对比，让投资者还看到了未来无限的发展空间。上述几点中的每一点都是投资者最渴望从创业者那里了解的。朱新礼并没有按照传统式的第一、第二、第三依次罗列开来，而是通过 1 分钟的故事把上述问题天衣无缝地衔接在了一起，合情合理又令人影响深刻，不可谓不经典呀！

上市当天，汇源果汁终于众望所归，公开认购部分共获得超额认购 937 倍，当日股价上涨了 66%。据权威机构统计，汇源 100% 果汁占据了纯果汁 50.2% 的市场份额，中高浓度果汁占据 45.0% 的市场份额，已经成为中国果汁行业第一品牌，这也难怪像可口可乐这样的国际巨头都曾试图将其收购。不仅如此，汇源浓缩汁、水果原浆和果汁产品早已卖到全世界，远销美国、日本、澳大利亚等 30 多个国家和地区。

纵观全世界所有的著名企业，无一例外其背后都有许多广为流传的故事，这让消费者在购买这些产品且享受这些服务时，就会自然而然地与这些故事产生联想。

故事本身是对产品品质和内涵的一种肯定，同时还让消费者有了更多想象的空间。特别是当消费者认同产品的价值观后，还会不经意地向亲朋好友推荐这种产品，并随之将故事娓娓道来。一位营销专家曾经说过："不要小看了故事的传播力量，当消费者向其他人讲述产品背后的故事时，她们的生活品位会得到周围人的肯定和赞扬，之后，她们会愿意向更多人讲故事，这本身就是品牌的二次传播。"

【商学院点拨——故事的来源】

知道故事的重要性并不困难，因为它的确发生在我们周围，但如何才能为产品赋予一个好的故事，即故事的来源，这才是故事营销关键所在。

归纳成功的故事案例，可以看到，这些故事通常来自于以下几个途径：

①事件故事。例如享誉全球的瑞士军刀，它的高品质曾一度受到了各国领袖人物的青睐，如美国第三十六任总统约翰逊，将印有他姓名字母的袖珍刀赠送给客人，而后里根和布什也同样继承了这一做法，这本身就是最好的故事。

②人物故事。例如有一家卖牛肉食品的企业，由于产品"表面墨黑内心红亮"的特点与猛将张飞及其类似，故命名为张飞牛肉，它是第一个食品类"双认定"中国驰名商标的品牌。从中可以看到，产品名称中就直截了当的点明了与张飞的关系，购买时，让消费者自然就联想到张飞的江湖侠情，还有其背后经久不衰的三国烽火故事。

③虚构故事。营销中使用的虚构故事众多，然而要注意把握好一个度，如果过分夸张，不仅达不到营销的效果，反而会让消费者反感。运用虚构故事的案例中，最典型莫过于旅游胜地，当地的导游肯定会讲些五花八门的故事，有些故事是真实的，是有据可查的历史记载；而有些故事则是些美丽的传说，是虚构的，但这并不影响游客对景点的肯定。

总之，这些故事既可以是发生在企业身上的，也可以是发生在顾客身上的；既可以是过去的，也可以是现在的；既可以是真实的，也可以是虚构的。但无论故事来源于什么地方，都必须打动顾客，说到顾客内心深处，是顾客想表达而没有表达出来的故事，如果故事恰好与顾客的某种情感产生了共鸣，那么想不成功都难。

秘技 15. 不花钱的监督

"没有有效的监督，就不会有满意的工作绩效。明智的管理者会利用监督这把'利剑'，促使员工们既有紧迫感，又能满怀热情地投入到工作中去。"

——洛克忠告

广义上，监督成本是指责任人对特定对象人群的作为或不作为实施的监查和督导行为，旨在为某一目的的实现提供过程监控。比如在委托代理关系中，委托人对受托人实施的监督、管理者对公司职员实施的监督、国家行政机关对特定企业行为实施的监督等。狭义的监督成本仅指，公司内部管理者对企业权力管辖范围内的职工实施的监督，这里讨论的是狭义监督成本。

监督不一定非得花钱

无论企业规模是小还是大，作为老板和管理者，都需要花费一定的精力和成本去监督企业的员工，监督他们是否按时考勤、是否按照正确的工艺流程作业、是否为企业保守商业秘密等，这些成本付出必不可少，但它可以保证企业产品的质量，可以确保企业正常运转。

监督成本到底需要多少？如果太少，某些环节可能监督不到位，监督效果受到影响；如果太多，不符合成本效益原则，钱是花了，但并没有给企业带来多少效益。

当然，监督成本也是可以节省下来的。

　　日本是一个资源较为匮乏的国家，人口有 1 亿多，但它的经济总量却是世界第三位。对比我国，人口接近 14 亿，创造的经济总量也比日本高不了多少，也就是说，每年一个日本人创造的财富相当于 10 个中国人创造的财富。

　　日本企业的多款产品在国际上都有较高的知名度，技术含量颇高，其成就的取得在很大程度上不得不归结于日本企业对成本的有效管理。从某种意义上讲，这也是被资源匮乏这一外在环境"逼出来"的成本控制。

　　多年前，有个朋友在一家中日合资的汽车制造企业工作。一个周末，我们约出来喝茶聊天。先是寒暄了几句，彼此就开始聊起了最近的工作。

　　这位朋友在该公司从事财务工作，主要负责企业生产成本的核算，已经有 5 年工作经验，"日本企业有个共同的优点，就是把成本控制得非常严格，杜绝一切浪费。"这位朋友深有感触的说道。

　　"说来听听"，因为都是财务从业者，我也很想听听不同行业中有关成本控制的具体运用。我问他："生产一辆汽车的成本构成大概怎样？"

　　"这可不能说呀。"他微笑着说。

　　我突然停顿了一下，才发现自己的后知后觉，"不好意思，差点把这事给搞忘了。"我们俩都会心笑了笑。

　　到底把什么事搞忘了呢？

　　因为对于一家企业而言，产品的生产成本这类信息属于商业秘密，不能随便对外披露。但我依然很好奇，把今天喝茶当成了一个学习的机会。"能不能够举个例子？你们到底是怎样控制成本的？"

　　这位朋友思索许久，然后说到："公司高层有个共识，该花钱的地方，绝不吝惜，不该花钱的，绝不浪费。在我们公司当中，最花钱的地方就是研发和设计，每年都会对研发和新车设计投入大量的经费，这些方面的预算在董事会也比较容易通过；而董事会对其他方面的支出预算会审查得很严格。"

他喝了一口竹叶青，然后继续说："我们公司的部门负责人一般都没有自己单独的办公室，他们都是和下属员工在一个很大的开放式办公室里面工作，办公位置倒是有讲究，一般来说，部门领导都是坐在离门最远的地方，差不多都在办公室的最深处位置。"

"这是出于什么考虑？这与国内的大多数企业好像完全相反，尤其是国有企业，领导的办公室一般都是独立的，又大又宽敞。"我察觉到了经营理念和企业文化的悬殊差别。

"他们的主要目的是方便监督员工的工作，减少监督成本。有些员工性情比较懒惰，喜欢上班开小差，比如聊天、煲电话等。从人力资源管理的角度，如果说请假、矿工等是显性缺勤的话，那么人到了办公室，却没有好好工作，则属于隐性缺勤。领导坐在办公室的最后一排，只要一抬头就可以看到每个员工的工作状态，他出门办事，几乎要从办公室的最后一排走到第一排，员工到底在干什么工作，一目了然。这个小小的做法，省去了企业大量的监督成本，提高了员工的工作效率。"

◉ 监督越简单越好

从上述这家日资企业的管理实践来看，在有些地方，反而是"越简单的，才是最好的"。

@微博观点#不花钱的监督#：【洛伯定理】美国管理学家洛伯提出"对于一个经理人来说，最要紧的不是你在场时的情况，而是你不在场时发生了什么。"这称为"洛伯定理"。

办公室一个小小的改变，为该公司省去了大量的监督成本，这其实就是一种低投入或零投入换来的效益，而对比国内一些国有企业，领导层级越高，往往办公室也越大越豪华，认为只有这样才足以显示他们的地位和身份。下属职员为了找领导签字、审批、汇报工作，还得整幢楼跑上跑下，就在这些过程中无形地浪费了很多时间。

更何况，日资企业的这种做法对员工来说，注重的是过程监督，而非事后评价。对比国内企业，我们花费了大量精力制定一整套事后考核或评价体系，姑且先不讨论这个体系的科学性和可行性，单就数据获取和指标计算就并不是一件容易的事情。

考核结果不理想，不仅意味着员工工作成效不好，那企业的产品质量肯定也不会是最好的。同时，员工还得受罚，这又降低了员工的幸福指数和工作积极性，对企业、对员工都并非好事。

相反，如果过程监督做得好，员工取得好的业绩也是水到渠成的，员工得到奖励，企业产品质量得到提升，更何况类似于这家日资企业的做法，这种监督还不用花钱，何乐而不为？

【商学院点拨——广义的监督成本】

正如本节开篇所说的那样，管理者监督员工发生的成本只是监督成本中的很小部分，由代理问题而产生的成本则是最主要的监督成本。通常而言，由于公司所有权和经营权的分权导致代理问题的产生，享有经营权的管理者并一定为股东利益拼尽全力，而是为了自身利益最大化而努力工作，这被称为代理问题。因此，股东出于保护自身利益的动机，就必须采取行动去监督和激励管理者的工作，这些行动就会发生各种形式的监督成本，也就是代理成本。

秘技 16. 消灭可怕的存货

"存货的生命，如同菜架上的生菜一样短暂。对于原料价格或信息价值很容易快速滑落的产业而言，最糟糕的情况便是拥有存货。"

——戴尔公司董事会主席 迈克尔·戴尔

在传统的企业经营观点中，人们总是认为，一家企业要进行生产，必须得有自己的仓库，用来储存企业生产所需的原材料；同时，还可以用来暂时存放没有销售出去的商品。

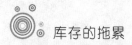 库存的拖累

无论是学者们在理论上进行分析，还是实践者的工作体会，都发现企业的存货往往耗费了企业大量的成本。比如，企业花费资金购买原材料，在原材料未被生产领用之前，实际上占用了企业的资金，在经济学上，这部分由于未被用于他处，而产生了机会成本。同时由于这部分原材料的存在，还得专门用仓库来保管，无论是自行修建，还是租入使用，仓库也要耗费资金，除此之外，还要承担原材料在保管过程中可能发生的损失。

不仅如此，倘若产品生产出来后，还不能及时的卖出去，那么企业还得产生保管成本和资金成本，包括与仓库有关的成本、资金未能及时收回而占用的机会成本，以及产品因技术进步而出现贬值的风险等。

可以看到，存货对企业的利润来说，并不是什么有利的东西，它们在以有形和无形的方式抵减企业的利润。

美特斯邦威作为一家上市公司，在我国休闲品牌中曾一度处于领先地位，然而最近几年，该公司一直受到存货的困扰。表1显示了2008—2012年上半年以来，该公司的存货水平和变化趋势。从中可以清楚看到，2008—2011年间，存货占资产的比重分别为0.15、0.17、0.30、0.29，在2011年第一季度和第二季度更是达到高点0.35，这说明美特斯邦威公司的所有资产当中，有1/3左右都是库存，而这其中绝大多数都是尚未出售的过季服饰。

同样，2008—2011年间，存货占营业收入的比重分别为0.15、0.17、0.34、0.26，这也进一步证实了该公司有将1/4～1/3左右的存货并未变成现实的收入，而只是仓库的积压。

据有关机构分析，该公司存货水平如此之高，原因在于近年来公司的过度扩张，为了追求规模效应而盲目扩大生产批量，再加之金融危机后，人们的消费能力在短期内尚未迅速增长。过高的库存拖累了发展，公司不得不通过延长收款期的方式销售，这便加大了企业的经营风险；同时，打折频率也逐渐提高，幅度也进一步加大，这又降低了产品的档次。

表1　　　　　　　　　美特斯邦威股份有限公司存货水平　　　　　单位：元

日期	存货	资产	存货/资产	营业收入	存货/营业收入
2012 - 06 - 30	1 752 797 130	7 912 383 647	0.22	4 600 343 850	0.38
2012 - 03 - 31	2 316 967 061	9 620 877 882	0.24	2 638 877 030	0.88
2011 - 12 - 31	2 559 836 156	8 882 488 965	0.29	9 945 057 797	0.26
2011 - 09 - 30	2 982 190 539	9 053 231 901	0.33	6 793 038 950	0.44
2011 - 06 - 30	2 889 754 810	8 314 044 554	0.35	3 795 273 566	0.76
2011 - 03 - 31	3 162 571 535	8 959 801 985	0.35	2 075 002 047	1.52

表1（续）

日期	存货	资产	存货/资产	营业收入	存货/营业收入
2010－12－31	2 548 382 116	8 586 714 298	0.30	7 500 479 103	0.34
2010－09－30	1 794 903 040	7 765 247 933	0.23	4 851 752 602	0.37
2010－06－30	887 568 261	6 215 220 628	0.14	2 541 940 199	0.35
2010－03－31	706 111 970	5 948 556 051	0.12	1 418 722 525	0.50
2009－12－31	901 994 534	5 451 161 844	0.17	5 217 518 137	0.17
2009－09－30	1 145 383 749	5 747 132 245	0.20	3 079 783 850	0.37
2009－06－30	580 672 479	4 311 972 672	0.13	1 822 367 127	0.32
2009－03－31	612 472 855	4 759 514 352	0.13	1 089 625 723	0.56
2008－12－31	664 072 787	4 576 963 116	0.15	4 473 679 912	0.15
2008－09－30	670 694 860	4 263 081 549	0.16	2 854 732 641	0.23
2008－06－30	323 745 993	1 957 007 848	0.17	1 637 531 186	0.20
2008－03－31	345 337 330	1 861 064 831	0.19	956 181 013	0.36

数据来源：美特斯邦威2008—2012年财务报告。

不难看出，美特斯邦威在过去几年中一直受到库存的拖累，导致企业的利润和现金流都受到了一定的影响。

 ## 零库存的成功运用

随着企业之间竞争的加剧，因存货而支出的成本则逐渐成为了企业必须解决的问题。为此，物流专家们提出了"零库存"的概念，并在多家全球著名的企业中得到了运用。

戴尔公司（Dell）是一家总部位于美国德克萨斯州朗德罗克的世界五百

强企业，于1984年由迈克尔·戴尔创立，他也是该公司现任的首席执行官。

戴尔可谓是"零库存"理论运用最成功的公司之一。据估计，21世纪初期，戴尔公司的库存量相当于5天的出货量，一般PC机厂商的库存时间为2个月，而中国IT巨头联想集团是30天，这样的直接经济效益便是戴尔拥有3%的物料成本优势，反映到产品价格上就是2%或3%的优势。

这都是因为戴尔公司采用了"零库存"的管理模式。多年来，戴尔公司之所以一直保持低水平的库存，并不是突发奇想，而是经历过惨痛教训后才悟出的道理。

在公司刚成立4年多后就成功上市，第一期就募集到了3000万美元，这对于当时的戴尔公司来说已经是一笔天文数字的金额了，管理层也似乎被胜利冲昏了头，感到有些不知所措。

公司确定快速扩张，并购买了大量的储存器，以备进行规模生产。但谁也没有想到，这些储存器到后来成为了公司发展最大的障碍。因为电子行业更新换代的速度超过了很多传统行业，前期储备的储存器还没有等到组装成产品，更高等级的储存器就已经面世了。如果将其继续组装成型，该产品也属于快被淘汰的型号；如果不组装，那么这些储存器也只能低价亏本变现。就这样，戴尔公司陷入了严重的存货困局。

从此，该公司痛定思痛，积极推行"零库存"管理。一方面，与传统生产性不同，戴尔公司并不预先生产过多的产品以备市场所需，而是采用订单方式，当客户下达订单后，再组织生产和装配，一旦生产完毕随即发货给客户，这便省去了大部分产成品仓库成本；另一方面，该公司也不提前采购过多的原材料和零部件，而是等到客户下完订单后，再根据客户的不同要求（如尺寸、颜色、型号等），立即通知上游供应商在短时间内（如几个小时内）配送原材料和零部件，而戴尔公司主要只负责在厂内完成组装，这便省去了大部分原材料仓库成本。

然而，戴尔公司的"零库存"管理也颇受争议。反对的声音认为，戴尔公司的"零库存"并不是真正意义上的"零"，它只是把原材料和零部件的存货成本和管理风险"强制性"转嫁给了供应商。因为很多供应商为了不失去戴尔这样的大客户，被迫在戴尔公司周围租用昂贵的仓库用以存放原材料和零部件，避免戴尔公司下达采购指令后由于物流原因无法准时配送，这样一来，原本应由戴尔公司承担的库存成本却由供应商来承担了。

那么，这些供应商为何要同意戴尔公司这种要求呢？最主要的原因在于戴尔公司在电脑这条产业链中处于领导地位，由于它的品牌效应和大规模的采购数量使得它拥有明显的话语权。

然而，正所谓"一阴一阳之谓道"，任何成功的案例也有失败的另一面。2011年上半年，日本地震导致福岛核电站爆炸，核辐射一度威胁到日本企业的正常经营，而许多日本企业运用了实时制的管理模式，这其中不乏著名的国际性大公司。

在核危机爆发后，这些大公司的原材料无法得到及时、足量的供应，生产持续中断，而下游企业也在短时间内，由于产品极度短缺，被迫停产。零库存和实时制，一方面确实降低了企业的存货成本，提高了企业的经营效率；另一方面，也导致企业过度依赖外部企业的产品和原材料供应，降低了企业自身抵御风险的能力。

这似乎是一对永恒的矛盾：库存太多，则会占用资金，增加开支，降低经营效益；库存太少，或者零库存，虽然减少了开支，提高了利润，但却增加了企业所面临的外部风险。那么，一个企业应当保持怎样的存货水平呢？这个问题只有决策者根据不同的经营环境，加上不断地尝试，才能做出符合该企业这一特定时期的存货决策。

【商学院点拨——经济订货量】

财务学一直在解决这个问题：对于一家企业而言，储存多少数量的存货对企业最有利呢？也就是说，存货水平控制到什么范围内既能够保证企业正常经营所需，又能够将存货成本降至最低。

要分析这个问题，首先需要知道储存存货的成本构成？通常认为，存储存货成本由取得成本、储存成本和缺货成本构成。

取得成本包括订货成本和购置成本，一部分订货成本是固定的，用 F1 表示，如采购部门的基本开支；另一部分与采购数量 Q 成正比关系，用 D/Q·K 表示，D 代表全年采购量，K 代表每次采购成本，如差旅费等。那么：

订货成本 = F1 + D/Q·K

购置成本是指采购存货本身的价格，它与采购成正比例关系，用 DU 来表示，U 代表存货单价。

因此，取得成本 = 订货成本 + 购置成本 = F1 + D/Q·K + DU

储存成本是指与保管存货有关的成本，一部分是固定的，用 F2 来表示，如仓库租金；另一部分是变动的，与存货数量相关，用 Q/2·Kc 来表示，Kc 代表单位保管成本。

因此，存储成本 = F2 + Q/2·Kc

缺货成本指因存货供应无法满足生产所需而造成的损失，用 TCs 表示。

综上，总成本 = F1 + D/Q·K + DU + F2 + Q/2·Kc + TCs

这些成本之间可能存在此消彼长的关系，比如为了减少缺货给企业生产带来的影响，即减少缺货成本，就需要增加企业的存货储备量，这就导致企业储存成本的增加。

对上求解：$Q = \sqrt{\dfrac{2KD}{K_c}}$

秘技 17. 向政府要红包

"把信息和情报放在第一位，金钱就会滚滚而来"。

—— 美国企业家　沃尔森

在企业利润中，有一种利润常被称为"政府红包"或"天上馅饼"，因为这种利润通常不需要企业付出任何代价或成本，即使需要代价或成本，但相对于利润而言，金额也是很小的，这种利润就是政府补助。根据《企业会计准则第 16 号——政府补助》（2006）的定义，政府补助是指企业从政府无偿获得的货币性资产或非货币性资产，但不包括政府作为企业所有者投入的资本。

政府补助到底能够为企业贡献多大的利润？每年政府对沪、深两地上市公司的补助现象都会引起各方关注：

据《南方周末》2012 年 5 月 30 日报道，2011 年，在我国沪、深两地涉及环保产业的 163 家上市公司中，大约有 100 家上市公司在 2011 年接受了不同程度的政府补贴，这 100 家公司的净利润总和约一百余亿元。其中 30 家企业的净利润增长超过 40%，而三安光电、德豪润达、建研集团、东方钽业、华昌化工、佰利联、博闻科技的净利润增长甚至超过了 100%，涉足环保设备制造的华昌化工则增长率高达 672.07%。与高利润增长相伴的是其接纳的高额政府补贴。截至 2011 年年底，根据上市公司披露的年报数据，这些"绿顶"公司所接受的政府补贴总和为 33.7 亿元，这一数字与他们的净利润总额比为 33%。

据《投资快报》2012 年 2 月 29 日报道，TCL 集团 2011 年的财务报表

光鲜亮丽，全年实现营业收入 608.34 亿元，同比增长 17.28%；实现归属于上市公司股东的净利润 10.13 亿元，同比增幅高达 134.24%。然而同往年一样，TCL 集团的靓丽财报，离不开政府的大力支持。报告显示，2011年公司依然获得了政府多达 5.62 亿元的财政专项项目补助，而 2010 年公司的这一补助金额也高达 6.85 亿元。也就是说，上年公司实现的归属于上市公司股东的净利润中，有 55% 是政府给予的。

政府的红包

对于一些特殊的公司而言，例如受到监管层特殊处理的公司（如 ST 公司等），政府补助在关键时刻更彰显其重要性，不仅能够帮助企业减少亏损额，而且很多时候帮助企业起死回生，避免连续 3 年亏损而导致被迫暂停交易或终止上市。

据《证券时报网》2010 年 12 月 29 日报道，截至 2010 年 12 月 28 日，沪、深两市上市公司合计披露获财政补贴 86 笔，其中仅 12 月以来就有 30笔，超过全年数量的 1/3。上述 30 笔财政补贴中，ST 类公司占据半壁江山。2010 年收官在即，各地政府对 ST 类公司的保壳行动也在如火如荼地上演。

据报道称，有一家神奇的公司，上市 10 年募集资金总额超过 278.85 亿元，10 年间还获得政府补贴 11.59 亿元，但总共亏损 75.32 亿元。这家名叫京东方的公司，是一家典型的靠政府哺养的"不死鸟"。2011 年，这家公司预计全年亏损 30 亿元，但在 10 月 26 日，其公告称，将地方政府赠送的煤矿资源卖出了 36 亿元，竟一举扭亏。而到了 11 月 21 日，又一则公告称，其控股子公司有可能申请到 24 亿元的退税。

既然政府补助对企业利润是有利的，那么，怎样才能够获得来自政府的补助呢？这就需要满足政府提供补助的条件，因为政府绝不会毫无理由的对企业进行补助。

然而，无论是中央政府还是地方政府，都为补助的提供制定了相关的政策，只要企业符合这些政策中的条件，就能够从政府拿到补助。

表 2　　　　　四川长虹股份有限公司 2011 年政府补助明细项目　　　单位：元

项目	年末金额	年初金额
政府补助—项目开发补贴—递延收益 *1	410 339 152.26	300 908 015.71
政府补助—物流企业补助—递延收益	967 837.45	698 634.72
政府补助—OLED 项目工程补助—递延收益 *2	13 104 450.00	13 311 000.00
政府补助—搬迁补助—递延收益 *3	57 254 843.08	36 429 772.85
合计	481 666 282.79	351 347 423.28

资料来源：四川长虹股份有限公司 2011 年年度财务报告。

*1：技术开发政府补贴：是政府对公司技术开发支出的专项补贴，收到时确认为递延收益，在相应的项目完成并转为资产开始摊销时按与该资产摊销期限一致的期限平均转入各年度营业外收入，将预计的下年度摊销的金额在一年内到期的其他非流动负债中反映。

*2：2008 年 8 月 20 日长虹公司收到成都高新技术产业开发区经贸发展局 OLED 项目一期工程项目政府补助 1377 万元，于 2010 年 8 月项目完成，9 月开始摊销。

*3：为公司子公司美菱股份公司搬迁获得政府补助 57 254 843.08 元，该余额为已经本年度摊销后的余额。

能够获得政府补助的理由很多，从四川长虹公司 2011 年财务报表披露的情况来看，主要是因为技术开发、政府扶持项目 OLED，还有积极配合政府搬迁工作等。

 为政府补助的获取创造条件

在现实中，很多时候企业一开始并不具备获得政府补助的条件，或者是具备其中部分条件，但尚不能达到所有的要求，那么，这时又应该怎么办呢？方法只有一个，那就是"没有条件时一定要创造条件"！

有一朋友，在重庆郊区成立了一家小型民营摩配企业，共雇佣了 8 位残疾人员工，税务局对该企业一直采用查账征收的方式进行税款征收。

2009 年，当国家税务局对该企业的稽查工作结束时，稽查工作人员随口对企业主说了一句话："既然部分工作可以由残疾人完成，那你倒不如再多雇佣几位，这样就可以享受国家所得税的优惠政策，也会承担更大的社会责任，'双赢'呀。"

这位企业主朋友原本搞技术出家，对财务和税收方面的知识非常欠缺，单位财务人员业务能力也不够高，仅能够胜任常规的账务处理。稽查人员的一席不经意的话倒是给这位企业主很大的启发，他随即联系到我，问我怎样才能够享受到所得税的优惠？

说句实话，当时我也记不准确所得税法律的具体规定，仅凭印象，我回复他肯定是可以少缴税的，再加上近年来又做了较大变动，所以最后我还是建议他花点钱，去聘请一家税务代理机构帮忙进行纳税申报和缴纳。

几天后，他给我发了一封邮件，得知当地一家税务代理机构给他提供了这方面的税收条款，并开始为这家企业进行税收筹划。邮件的主要内容如下：

××：

您好！××税务师事务所为我们提供了相关的税收条款，我认真学习了一下，并根据政策多雇佣了 3 位残疾人员工，这样就符合优惠条件了，今年应该就可以少缴近二十万元的税了，真是高兴！这些法律条款也转发给你，见附件，常联系！

附件：2009 年在财政部和国家税务总局颁布《关于安置残疾人员就业

有关企业所得税优惠政策问题的通知》中做了具体规定：企业安置残疾人员的，在按照支付给残疾职工工资据实扣除的基础上，可以在计算应纳税所得额时按照支付给残疾职工工资的100％加计扣除。企业就支付给残疾职工的工资，在进行企业所得税预缴申报时，允许据实计算扣除；在年度终了进行企业所得税年度申报和汇算清缴时，再依照本条第一款的规定计算加计扣除。

不仅如此，安置残疾人就业还可以享受其他多项优惠政策，如安置残疾人就业的单位，按单位实际安置残疾人的人数，每人每年限额减征营业税3.5万元。

又如，在一个纳税年度内月平均实际安置残疾人就业人数占单位在职职工总数的比例高于25％（含25％）且实际安置残疾人人数高于10人（含10人）的单位，给予定额减征城镇土地使用税的优惠，减征标准为每安置一名残疾人该年度可定额减征5000元。

然而，要享受优惠政策，需要符合政策规定的各项条件，例如，企业享受安置残疾职工工资100％加计扣除应同时具备如下条件：

①依法与安置的每位残疾人签订了1年以上（含1年）的劳动合同或服务协议，并且安置的每位残疾人在企业实际上岗工作。

②为安置的每位残疾人按月足额缴纳了企业所在区县人民政府根据国家政策规定的基本养老保险、基本医疗保险、失业保险和工伤保险等社会保险。

③定期通过银行等金融机构向安置的每位残疾人实际支付了不低于企业所在区县适用的经省级人民政府批准的最低工资标准的工资。

④具备安置残疾人上岗工作的基本设施。

2009 年 4 月 22 日

多雇佣3个人，就可以少缴近二十万元的税，对于一家小型民营企业而言，意义重大。"不符合条件时创造条件"不仅适用于争取国家的税收优惠，还适用于除税收以外的其他政府补助，只要达到补助所需的各项要求，政府就会直接或间接的给予企业额外的"利润"。

最后，需要说明一点的是，在创造条件的过程中，需要充分运用成本效益原则，也就是说，如果创造条件所花费的成本大于了政府补助，那么，这项决策也是不经济的。

【商学院点拨——政府补助】

根据《〈企业会计准则第16号——政府补助〉应用指南》（2006）的规定，我国的政府补助通常包括财政拨款、财政贴息、税收返还、无偿划拨非货币性资产等。

①财政拨款。财政拨款是政府无偿拨付给企业的资金，通常在拨款时明确规定了资金用途。比如，财政部门拨付给企业用于购建固定资产或进行技术改造的专项资金，鼓励企业安置职工就业而给予的奖励款项，拨付企业的粮食定额补贴，拨付企业开展研发活动的研发经费等，均属于财政拨款。

②财政贴息。财政贴息是政府为了支持特定领域或区域发展，根据国家宏观经济形势和政策目标，对承贷企业的银行贷款利息给予的补贴。

财政贴息主要有两种方式：一种是财政将贴息资金直接拨付给受益企业；另一种是财政将贴息资金拨付给贷款银行，由贷款银行以政策性优惠利率向企业提供贷款，受益企业按照实际发生的利率计算和确认利息费用。

③税收返还。税收返还是政府按照国家有关规定采取先征后返（退）、即征即退等办法向企业返还的税款，属于以税收优惠形式给予的一种政府补助。增值税出口退税不属于政府补助。除税收返还外，税收优惠还包括

直接减征、免征、增加计税抵扣额、抵免部分税额等形式。这类税收优惠并未直接向企业无偿提供资产，不作为本准则规范的政府补助。

④无偿划拨非货币性资产。比如，行政划拨土地使用权、天然资源的天然林等。

根据"政府补助准则"规定，政府补助应当划分为与资产相关的政府补助和与收益相关的政府补助，这两类政府补助给企业带来的经济利益或者弥补相关成本或费用的形式不同。

与资产相关的政府补助，是指企业取得的、用于构建或以其他方式形成长期资产的政府补助。它通常以银行转账的方式拨付，如政府拨付的用于企业购买无形资产的财政拨款等。

与收益相关的政府补助，是指除与资产相关的政府补助之外的政府补助。通常情况下，主要是对企业特定产品由于非市场因素导致价格低于成本的一种补偿。

秘技 18. 让资产动起来

"5 个周转着的 1 分钱的价值大于 1 个闲置着的 5 分钱。"

——美国狮王食品公司创始人 斯密斯

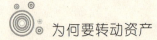 为何要转动资产

马克思在《资本论》中早已提出了资本循环和周转理论，文中提到：资本的循环，不是当做孤立的行为，而是当做周期的过程时，才叫做资本的周转。无论是从全社会还是从某个企业来看，应该尽最大可能提高资产的周转率，让资产转动起来，才能够发挥出最大的功能，创造出最大的价值。

来看一个简单的例子，有两家企业，第一家企业在年初投入 1 元钱，用于购买原材料（假设不考虑固定资产、人工成本等其他费用支出），经过一整年的辛勤劳动，到了年底，产品终于生产出来并立即销售出去，售价 1.5 元，企业该年总共赚取了 0.5 元的利润，1 元钱的初始投入资产在这一年中共周转了 1 次。

第二家企业，年初同样投入 1 元钱，但该企业加快生产，缩短生产周期，6 月 30 日就已经把产品生产出来并立即销售出去了，售价同样还是 1.5 元。7 月 1 日，该企业又从中拿出 1 元钱购买原材料，并重复上半年的生产经营活动，到了 12 月 31 日，同样以 1.5 元把产品卖出去。在这种情况下，这企业当年共赚得了 1 元（0.5 + 0.5）的利润，相比第一家企业而言，第二家企业的经营利润足足增加了一倍。

仅从年初和年末这两个时点来看，年初都是投入1元钱，但第一家企业只取得了0.5元的利润，资本回报率50%；而第二家企业却取得了1元的利润，资本回报率100%。作为投资者，当然会选择第二家企业作为投资对象。

这其中的道理显而易见，之所以出现两家企业的经营利润差异，就在于第二家企业资产周转率是第一家企业的两倍。

资产周转率的提高，在本质上，是让同样数量的资产发挥了数倍的效用，在这个简单的例子中，第二家企业年初投入的1元钱实际上发挥了2元钱的功能。就好比年初投入2元钱，年末把产品生产出来并按3元钱的价格出售，同样赚取1元，但这种情况下的初始投入却从1元钱扩大到了2元钱，降低了企业的经营效率。

◎ 加快资产周转的方法

上面的例子充分说明了企业资产周转越快，便能够发挥更大的杠杆作用。那么，现实中又有哪些方法可以帮助企业加快资产的周转呢？概括起来，主要有以下几种方法：

①依靠技术进步。技术进步可以缩短企业的生产周期，就好比上面的例子中所提到的那样，如果企业生产产品的时间可以从1年缩短至半年，那么，资产从投入到收回的时间也从1年缩短到半年了，资产周转速度自然也就提高了一倍。因此，倘若企业能够加大研发投入，或者购买先进制造设备，促进缩短生产周期，自然也就加快了资产的周转。

②依靠管理创新。技术进步固然能够帮助企业提高资产周转速度，但毕竟技术的进步受制于技术本身的研发和企业资金的保障，这些都并非易事，管理创新则不需要企业耗费大量的资金投入，也能够在一定程度上帮助企业加快资产周转。比如

之前，我们提到过的企业"零库存"管理思想，倘若真能做到企业的库存为零，那么影响这部分存货资产周转速度的因素就只有生产耗费的时间了，而生产之前的原材料环节和生产之后的产成品环节，都没有占用什么时间，大大缩短了企业库存的周转时间，提高了周转速度。

③借助金融工具。金融市场的发展无疑为企业的生产经营方式提供了更多的选择，在层出不穷的金融市场中，有很多金融工具都能够帮助企业加快资产的周转，发挥更大的经济杠杆作用，甚至让一些看起来"死"的资产也能够动起来，这其中最常见的例子，就是银行的抵押贷款。

金融的杠杆原理

就拿房屋的抵押贷款来说，本质上，当企业花费 1000 万元资金购入一处房屋时，这幢房屋实际上占用了企业 1000 万元的资金，在转让这幢房屋之前，1000 万元的资金已经不能用于其他方面了，它的价值只能通过固定资产折旧的方式为企业转移和创造价值。

但如果我们能够用房屋取得抵押贷款 600 万元，那么实际上我们就已经让这幢房屋的价值又"动"起来了，这样的话，共有 1600 万元的资金投入到企业的生产经营中，相当于 1000 万元投入发挥了 1600 万元的效用，资产的运用效率得到了提高。

抵押贷款是最常见的让资产动起来的例子。金融市场中的许多工具都能够实现这一目的，融资租赁则是其中另外一个非常典型的手段。

有一家公司，购买了一辆价值 50 万元的客车，专门用于接送公司 20 位职工每天上下班。前几年，遇到金融危机，公司经营不景气，现金流险些中断，在那段时间内，每一笔能够创造现金流的业务和每一项能够产生现金流的资产对企业的经营来说，都至关重要。

但是，在金融危机那样的背景下，整个社会的现金流链条都很脆弱，难以保证每笔销售都能够足额、及时的收回现金，为此，企业想了很多方法来储备充足的现金支持。当时，就有人建议，企业可以把这辆价值50万元的汽车出售出去，至少可以卖出30万元的价格，这的确是个好的建议，但职工肯定会反对，因为这会大大降低职工的福利以及相应的幸福感。

有没有什么更好的办法，既可以把汽车变现，收回投资，又可以满足职工上下班接送的需要，维持职工福利不下降呢？

融资租赁在这种情况下就发挥了关键性的作用。这家公司的确把这辆汽车以30万元的价格出售了，但并不是出售给公司以外的人，而正好是这20位职工。这20位职工与公司签订了购买合同，总共出资30万元把这辆汽车购买下来，但同时又与公司签订了另一份租赁合同，公司又把这辆汽车租了回来，还是用于接送员工上下班，并每月向员工支付利息。

就这样，这辆汽车价值就动起来了，对于企业而言，马上能够获得30万元的现金流入，每月只需支付相当少的租金，这便有利于企业渡过艰难时期；同时，对于员工而言，福利水平并没有下降，每天还是有汽车接送，并且还能够从汽车出租中获得租赁收入，获得投资回报。可以看到，双方都从中获得了收益。

这一模式就被称为售后租回，它属于融资租赁中的一种具体形式，在许多企业中都得到了普遍运用。

【商学院点拨——资产周转率】

资产周转率是评价企业营运能力的一项重要指标，它等于企业收入（或成本）除以平均资产规模，即资产周转率＝营业收入（或营业成本）／资产平均余额，它衡量的是资产在一定期间内周转的次数。因此，资产周转率也常被称为资产周转次数。

其中，营业收入通常是指一定时期内企业的收入总额，而资产既可以是企业所有的总资产，也可以是某一具体资产项目，如存货、固定资产、应收账款等。

如果在计算该指标时使用的是总资产金额，那么资产周转率就代表的是总资产周转率。同理，如果使用的是存货，那么这里所说的资产周转率计算的是存货周转率，只不过为了保证上式中分子与分母衡量方法的一致，存货周转率的分子使用营业成本，即存货周转率＝营业成本/存货平均余额。

这里需要说明的是，在有关资产周转率的计算中，由于分子是一个时期数，而分母是一个时点数，为了统一计算口径，所以分母常采用期初与期末的算术平均值来衡量资产余额，这样可以在一定程度上避免资产在年度期间内的大幅波动对计算结果造成的影响。

与资产周转率相对应的另一个指标是资产周转天数，它等于360除以资产周转率（次），即资产周转天数＝360/资产周转率，它衡量的是资产周转一次所需的时间（天数）。资产周转率（次）与资产周转天数在本质上是一样的，仅是分析角度的不同而已。

一般而言，资产周转率越高，表明资产周转的速度越快，周转一次所耗费的时间越短，为企业创造价值的效率越高；相反，资产周转率越低，周转一次所耗费的时间越长，企业对资产的运营能力也就越弱。

秘技 19. 玩转金融投资

"数学不能控制金融市场，而心理因素才是控制市场的关键。更确切地说，只有掌握住群众的本能才能控制市场，即必须了解群众将在何时、以何种方式聚在某一种股票、货币或商品周围，投资者才有成功的可能。"

——量子基金创始人　索罗斯

在过去，当企业经营较好时，则会把赚取的利润用于扩大再生产，如果还有剩余，通常也只是选择存款这种传统的理财方式。随着我国金融业的发展以及资本市场的兴起，越来越多的企业家开始意识到，金融投资可以为企业带来较高的回报，能够作为实业投资的有益补充，并且相对于实业投资而言，金融投资还在流动性方面存在难以复制的优势。

为此，金融投资无论是绝对数量还是增长率都得到明显提高，在这样的背景下，旧制度下的会计准则无法满足企业实际经营需求的矛盾正日益凸显，有关金融资产的会计准则便应运而生。

2006 年国家财政部终于颁布了《企业会计准则（2006）》，并于 2007 年首先在我国上市公司中开始实行，在这份最新的会计准则中，新增了许多具体准则。这不仅仅是为了与国际会计准则接轨，而更多是为了适应我国企业经营活动日新月异的变化。

@微博观点#玩转金融投资#：【语录·罗杰斯：做自己熟悉的事】"除非你真的了解自己在干什么，否则什么也别做。""我的忠告就是绝不赔钱，做自己熟悉的事，等待发现大好机会才投下钱去。"——美国著名投资家罗杰斯

金融投资的优点

对实业企业而言，进行金融投资至少有以下几方面的好处：

第一，提高资产收益性。当企业拥有较多额外资金时，投资于资本市场，无论是购买银行的理财产品，还是直接购入股票、基金、信托等，倘若风险监控得当，通常能够给企业带来高于银行存款的收益，其投资收益可以增加企业的利润。

第二，提高资产流动性。实业家转向金融投资，流动性是其中一个重要的因素，尽管我国在经济体制方面进行了长期而深入的改革，但民营经济的发展始终会碰到各种形式的壁垒和门槛，利润率较高的行业绝大多数还一直受控于国有垄断性企业，而民营企业依然属于波动性较大的行业。

当经济波动处于低谷时，一旦业已形成的实业投资很难快速变现，或者能够得以变现，但由于竞争的存在，也会导致价值大幅缩水；相反，金融投资则能够在资本市场上快速变现。

第三，分散风险。实业投资与金融投资形成了良好的互补结构，并且金融投资可以投资于那些与实业投资相关性不大或者完全不相关的行业或产品。根据资产组合理论，这种不相关性越大，分散风险的效果越好，从这种意义上讲，金融投资为企业进行风险管理提供了一条很好的途径。

雅戈尔集团创建于 1979 年，经过 33 年的发展，逐步确立了以品牌服装为主业，涉足地产开发、金融投资领域，多元并进、专业化发展的经营格局，成为拥有员工 5 万余人的大型跨国集团公司，旗下的雅戈尔集团股份有限公司为上市公司。"雅戈尔"品牌是国家第一批"中国驰名商标"，也是国家第一批"重点支持和发展的名牌出口商品"品牌，并被国家商标局列入全国重点商标保护名录，多次入选"中国最佳服装品牌"、"最受消费者欢迎的男装品牌"。

雅戈尔被众人关注，不仅因为它是一家著名的服装企业，它在金融方面的投资取得的业绩也同样成为金融界谈论的热点。

2008 年，雅戈尔作为大股东出资成立了上海凯石投资管理有限公司，注册资本 10 亿元，雅戈尔持股比例占 70%，凯石投资的管理团队持股比例占 30%，为内地注册资本最大的私募公司，总管理资金总额一度高达 100 亿元。

除了股东的身份外，雅戈尔还是凯石的客户，双方的投资协议内容显示，凯石投资对雅戈尔的股权投资项目资产、可供出售金融资产以及交易性金融资产提供专业化投资分析，雅戈尔支付相关咨询费用。

有了专业人士的"操刀"，过去几年中，雅戈尔在金融投资方面的业绩令人羡慕不已。

表3　　　　　　　　雅戈尔股份有限公司投资收益　　　　　单位：元

项目 ＼ 年份	2011	2010	2009	2008
营业收入	11 539 440 070	14 513 590 506	12 278 622 223	10 780 310 835
投资收益	1 442 506 171	2 057 854 204	1 979 018 707	2 222 044 343
利润总额	2 621 124 906	3 660 723 318	4 097 601 258	2 375 206 730
净利润	2 058 501 532	2 934 320 518	3 494 180 332	1 791 530 810
投资收益/利润总额	0.55	0.56	0.48	0.94
投资收益/净利润	0.70	0.70	0.57	1.24

数据来源：雅戈尔 2008—2012 年年度财务报告。

从表3中显示的数据可以清楚看到，以 2011 年为例，雅戈尔全年的利润总额约为 26 亿元，而仅投资收益就为公司贡献了 14 亿多元的利润，从过去三年的总体数据来看，投资收益几乎占据了半壁江山。在 2008 年，投资产生的利润更是占到94％的超高比重。

我国资本市场的完善和发展，为企业进行金融投资提供了更加多元化的渠道和更加便利的条件，越来越多的企业已经不仅仅局限于固有的经营范围，主营业务与非主营业务之间的界限也不再那么明晰，只要能够为企业赚取利润，又是企业管理能力和风险控制范围之内的业务，都应大力发展。

【商学院点拨——金融工具】

《企业会计准则第22号——金融工具确认和计量》（2006）中对金融工具作了明确的规定，金融工具是指形成一个企业的金融资产，并形成其他单位的金融负债或权益工具的合同。金融资产应当在初始确认时划分为下列四类：

①以公允价值计量且其变动计入当期损益的金融资产，包括交易性金融资产和指定为以公允价值计量且其变动计入当期损益的金融资产。

只有同时满足如下条件才能够被认定为这类金融资产：该指定可以消除或明显减少由于该金融资产或金融负债的计量基础不同所导致的相关利得或损失在确认或计量方面不一致的情况；企业风险管理或投资策略的正式书面文件已载明，该金融资产组合、该金融负债组合（或该金融资产和金融负债组合），以公允价值为基础进行管理、评价并向关键管理人员报告。

②持有至到期投资。它是指到期日固定、回收金额固定或可确定，且企业有明确意图和能力持有至到期的非衍生金融资产。

③贷款和应收款项。它是指在活跃市场中没有报价、回收金额固定或可确定的非衍生金融资产。

④可供出售金融资产。它是指初始确认时即被指定为可供出售的非衍生金融资产，以及除下列各类资产以外的金融资产：贷款和应收款项；持有至到期投资；以公允价值计量且其变动计入当期损益的金融资产。

秘技 20. 化解汇率风险的妙招

"只要有自由市场，就会存在未来价格的不确定性，只要存在未来价格的不确定性，就需要期货市场。"

——诺贝尔经济学奖获得者 默顿·米勒

对于国内绝大多数出口企业，这几年的日子可谓并不好过，甚至有些企业如履薄冰，艰难前行。受制于欧美市场的经济疲软，再加上债务缠身，国外市场需求一直低迷，作为拉动经济增长的"三驾马车"之一的出口贸易屡屡受阻。

长期以来，在国际市场上，作为国货强有力的廉价优势如今一去不复返了，取而代之的是不断攀升的成本，这都将最终体现在商品的售价上。概括起来，成本上涨主要有以下几个原因：

第一，人工成本上涨。尽管关于中国经济人口红利是否已经过去的争议还不绝于耳，但人工成本的持续大幅上涨确实成为了制约出口企业发展的关键因素，"用工荒"依旧不间断出现。

第二，原材料成本上涨。通货膨胀是近年来中国经济绕不过的一个话题，各种生活和生产资料的价格几乎都处于上升通道，原材料作为除人工成本外，制造型企业另一类重要的成本构成，它也随着通胀推高了产品最终成本。

第三，人民币升值。如果人工成本和原材料成本的上涨主要是国内因素的话，那么人民币升值则更多的是国际因素。人民币升值意味着外国客户购买来自我国的产品时，需要支付更昂贵的本国货币，实际购买价更高，对于正常商品而言，销售数量也会相应减少。

不断贬值的美元

据中国外汇交易中心统计数据（2006—2012）显示，2006 年 12 月最后一个交易日，银行间外汇市场美元对人民币的汇率中间价为 7.8087 元；2007 年 12 月最后一个交易日为 7.3046 元；2008 年 12 月最后一个交易日为 6.8346 元；2009 年 12 月最后一个交易日为 6.8282 元；2010 年 12 月最后一个交易日为 6.6227 元；2011 年 12 月最后一个交易日为 6.3009 元；2012 年 11 月最后一个交易日为 6.2892 元。

人民币升值的另一面就是美元贬值，这意味着有两个必然后果：一方面，商品更贵了，要购买价格同样的商品，国外消费者需要花费更多的本国货币，才能等值于原来的人民币，也就间接表明商品的价格提高了；另一方面，出口企业的收入减少了，因为美元的不断贬值，美元兑换成人民币的金额也随之相应减少。

以中国外汇交易中心统计数据为例，同样是收入 1 美元，在 2006 年年底可以兑换成 7.8087 元人民币，而到了 2011 年年底却只能兑换成 6.3009 元人民币，白白损失了 1.5 元人民币的利润。在财务上，这 1.5 元人民币的损失被称为汇兑损溢，并计入财务费用中。

2012 年 5 月深交所发布了《深交所上市公司 2011 年年报实证分析报告》，结果显示，2011 年机电、服装等当前我国出口商品集中的行业业绩增长趋势仍不容乐观。以电子行业为例，2011 年该行业实现了 19.79% 的营业收入增速，但增速较 2010 年同比下降了近 20 个百分点。与此同时，汇率波动成为上市公司面临的挑战，以主板上市公司为例，2011 年汇兑损失扩大 12.02 倍，汇兑损失达到财务费用总额的 4.03%。

套期保值的基本原理

经济全球化是不可避免的趋势，当企业的贸易扩展到国际市场时，不得不面对汇率波动对企业带来的影响。此外，多数企业家并不是金融专业出身，对如何有效地管理汇率风险知之甚少。

前些年，由于我国对汇率进行了过多的政府干预，汇率波动幅度不大，但是这不利于国际贸易的开展，也不符合WTO的宗旨。因此，我国逐步对汇率进行了市场化改革，时至今日，汇率基本上实现了由市场供需关系决定。

然而，这一改革对我国众多出口企业提出了新的挑战，即如何减少汇率波动对企业经营造成的不利影响？为了应对这一新的问题，越来越多的出口企业采取了套期保值的风险管理工具。

那么，作为金融衍生工具主要用途之一，套期保值又是如何运作的呢？下面的例子阐述了这一模式。

假如2009年12月底，国内一家外贸出口企业向美国一家客户销售了价值1万美元的商品，双方约定按美元结算，当天的汇率中间价为1美元兑换6.8282元人民币，但合同同时约定，该美国客户可以在一年内偿付这1万美元货款，不考虑税收因素。2010年12月底，美国客户如约向国内企业支付了1万美元的货款，但遗憾的是，此时的汇率中间价为1美元兑换6.6227元人民币，这表明，企业共损失了0.2055万元人民币（6.8282－6.6227），损失率超过3%。

这意味着什么呢？这意味着如果这家出口企业，不考虑汇率因素的利润率小于3%的话，2009年年底成交这笔生意是盈利的，而一年后，收回货款时，才发现成了一笔赔本的买卖。

这就不难理解，为什么国内很多企业在近几年只能与外商签订短期合同这实属无奈之举，因为谁也无法准确判断人民币是升值还是贬值，常有企业碰到"销售时赚钱，收款时亏钱"这种哭笑不得的尴尬事情。可以看到，汇率风险使外贸企业赔本赚了吆喝。

为了改变这一被动局面，越来越多的出口企业开始利用套期保值这种金融衍生工具来化解汇率风险。套期保值的基本原理其实很简单，因为对于出口企业而言，最担心的就是收回货款时美元出现贬值。还是以上面的例子为例，如果在销售商品时，出口与银行签订一份套期保值合约，规定一年后，企业可以按照 1：6.8282 的汇率（或者其他汇率），向银行出售 1 万美元。

这样一来，出口企业在一年后收回 1 万美元时，仍然能够兑换成 6.8282 万元人民币，汇率波动对企业就变得无关紧要了，当然为了获得这种权利，银行通常会要求支付一定金额的费用，但这相比于套期保值金额来说是很少的。

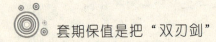 **套期保值是把"双刃剑"**

细心的人可能会问：套期保值让企业锁定了收益，避免了风险，但银行不就亏损了吗？银行愿意做这样的买卖吗？

的确，套期保值使企业获利了，同时把汇率变动的风险转嫁给了银行，但是请注意，一年后，美元也同样存在升值的可能性，假如美元在一年后上涨到了 1：7.8282，那么企业这时就亏了。因为按照合约，企业只能以 6.8282 元的价格出售给银行，但外汇市场上的价格足足高出 1 元人民币（企业也可能选择不出售，仅损失套期保值的费用）。

航空行业是一个受航油价格影响较大的一个行业，以东方航空公司为例，2002—2008 年中期，航油成本占营运成本的比例，已经从 21% 上升到 40%，其实，有些航空公司的总成本中超过 50% 的成本都属于航油成本。随着国内航油市场化改革的不断深入，我国航油价格与国际原油价格的关系日趋紧密，国际原油价格的任何风吹草动都可能导致航空公司由盈转亏。

原油价格从 2002 年年底的 30 美元/桶一路上扬到 2008 年 7 月的 148 美元/桶甚至更高。面对如此一发不可收的油价，在 2008 年上半年之前，为了减少航油价格持续上涨给企业带来的不利影响，东方航空公司像其他航空公司一样，都签订了期权合约，试图能够在未来航油价格高涨时，还能够以一个较低的价格购买到航油，从而减少成本。

然而，天有不测风云，随着金融危机的爆发，市场需求一夜之间恐慌性的萎缩，原油期货价格一泻千里。2008 年 9 月 30 日，纽约原油期货收于 96.37 美元/桶，同年 10 月 31 日收于 67.81 美元，相比 9 月，下跌 28.56 美元，环比下降近 30%。甚至在 2009 年 2 月跌到了 40 美元/桶，但是不到半年的时间又再次回升到 70 美元/桶。

就这样，东方航空公司在 2008 年不仅没有尝到套期保值锁定成本的甜头，其反而成了企业经营的累赘。公开资料显示，截至 2008 年 9 月 30 日，东航第三季度的航油期权就已经出现亏损 2.7 亿元。

正所谓"成也萧何败也萧何"，套期保值有利于企业锁定收益，减少不确定性，从而帮助企业进行更加科学的决策和管理。但是为实现套期保值而运用的各种金融衍生工具常常令人眼花缭乱，它深奥晦涩的术语、高深莫测的计量模型以及似懂非懂的合约设计，使很多企业在运用时都交过不少学费。

尽管如此，随着全球化经济的延伸，牵一发而动全身的国际市场拉近了企业之间的联系，各种金融衍生工具在日常经营中的运用会越发频繁。

【商学院点拨——金融衍生工具】

金融衍生品工具，通常又称为金融衍生品，是指随基础金融工具价格（或数值）变动而相应变动的派生金融工具。基础金融工具包括但不局限于银行存款、股票、债券等，而金融衍生工具是与基础金融工具相对应的一个概念。通俗来讲，金融衍生工具并不像银行存款、股票、债券那样有一个固定或确定的价格，它的价格取决于与其对应的基础金融工具价格的变化以及概率分布。

目前最主要的金融衍生工具有：期货、期权、远期和互换等。

期货是指现在进行买卖、未来交收或交割的标的物。这个标的物可以是某种商品（例如黄金、原油、农产品），即商品期货；也可以是金融工具或金融指标（股票指数），即金融期货。

期权是一种能在未来某特定时间以特定价格买入或卖出一定数量的某种特定商品的权利。期权通常分为看涨期权和看跌期权，看涨期权是指期权购买方向卖出方支付一定金额的费用后，便能够在未来约定时间，按约定价格从期权卖出方购入合约规定的特定商品，但购买方也可以选择不购买（当市场价格低于合约价格时），而期权卖出方只能被动接受购买方的选择结果。看跌期权与看涨期权恰好相反，是指期权购买方向卖出方支付一定金额的费用后，便能够在未来约定时间，按约定价格把合约规定的特定商品出售给期权卖出方，但购买方也可以选择出售（当市场价格高于合约价格时），而期权卖出方只能被动接受购买方的选择结果。

远期是一种交易双方约定在未来的某一确定时间，以确定的价格买卖一定数量的某种金融资产的合约。远期最明显的特点是非标准化，由交易各方自行约定，远期合约主要有远期利率协议、远期外汇合约、远期股票合约。

互换是指交易各方按照合约规定，在约定时期交换不同金融工具的现金流的合约。包括利率互换、货币互换、商品互换、股权互换、信用互换、期货互换等。

秘技 21. 为财务自由留点钱

"一个伟大的企业家不是能够赚多少钱，而是能够在大萧条的时候立于不败之地。因此他们随时随地保存大量的现金，随时随地拥有最低的负债，这是他们和别人最不同的地方。"

——我国著名经济学家 郎咸平

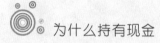 为什么持有现金

当前，财务自由是个备受关注的话题，因为随着人们生活压力的增大，同时还面临着较大的不确定性。人们不得不提前为自己的将来做好打算，以便现实自由的财务状况。然而财务自由不仅是一个个人或家庭的财务观念，同样也是一个企业财务观念。

那么，如何才能够使企业实现财务自由呢？要实现这一目标，需要企业持有一些随时可动用的资金作为基础保障，如果当企业要进行某项生产经营活动需要资金时，而财务部门无法足额提供，那么再追求什么财务自由，也只能是天方夜谭了。

凯恩斯对现金持有的动机进行了研究，他认为之所以需要持有现金，是因为人们出于如下三个动机：①交易动机，即人们为了日常的生产经营和生活支付而持有的现金，其主要目的在于满足交易的便利性；②预防动机，即人们持有现金是为了满足突然性、偶然性事件对现金的需求；③投机动机，即人们需要持有货币以满足投机获利的动机。

在财务学中，有一条是关于企业持有现金的原理，该原理的基本思想是通过模型，计算出企业持有多少数量的现金（包括银行存款）成本是最小的。因为持有现

金数量太多，说明企业的资金没有发挥作用，产生了机会成本；如果持有数量太少，则可能导致企业无法支付日常开支和应急需求，也会给企业带来损失，如拖欠供应商货款，对商业信用产生负面影响。

我曾经在国内一家会计师事务所工作，每到年底或年初都是年报审计的高峰时期，业务繁忙，甚是辛苦。2007年年初，那一年也恰逢中国宏观经济过热，各种投资活动极为活跃，相信很多人对当时股市的疯狂、房地产的神话和物价的飞涨都记忆犹新。

当时我们审计的项目是一家建筑行业的公司，看到这家客户，我顿时来了兴趣，很想看看这个行业的暴利。因为当时房地产正处于前所未有的发展良机。由于我们作为审计人员，可以看到该公司很多一手资料，我仔细翻阅了该公司的各项成本费用数据，尤其是土地出让金。果然与之前的预期一致，有些政府的土地出让金低得难以置信，在当时，平均房价是这些土地出让金的5～10倍。

在这样的拿地成本下，企业赚得盘满钵满也是理所当然的。

可出乎意外的是，当我们翻阅未审计的利润表和现金流量表时，却发现企业并没有出现我们想象的利润和净现金流。对此，出于职业怀疑态度和应有的关注，按照常规的审计方法，我们把收入和与之相关的现金流作为了风险水平较高的领域。但是，当我们实施进一步审计程序时，并没有发现该企业有任何重大错报。这又使我们产生了好奇心，如此有利的外部经营环境，为何该企业没怎么赚钱？

随后，在分析企业其他成本构成以及与管理层交流时，我们才发现，除了该企业的拿地成本是一项主要成本外，各种昂贵的工程物资，如水泥、钢筋等支出侵蚀了该企业的大部分利润。但这些成本也是真实的成本支出，会计账务处理也是恰当的，报表披露也是公允的，没有什么不妥的。

就在年报审计项目最后一天的晚餐上，公司领导的一番话才让问题的本质浮出了水面，"本来房价上涨如此之快，对公司来说，的确是好事，但是我们成本也涨了不少。去年我们规划发展时，就已经预料到，房地产的快速发展肯定会在短期刺激上游建筑材料的涨价，但是当时我们没有囤货，如果去年我们就开始囤货的话，今年的利润表肯定非常好看。"

"都预测到上游要涨价，那为什么不提前囤积呢？"一位审计的项目经理问道。

"很简单，没有钱。"建筑公司的财务负责人无奈地这样回答。

之前的那位领导把话接了过去，他说："公司前几年发展太快，向银行贷了太多资金，钱还没有还上，资产负债率太高了，银行认为风险过大，不给贷了。"

原来如此，这让我想起了企业很少的现金持有量，这也可以证实企业的现状。"没有过多的现金，我们也只能需要一点材料就去买一点，材料价格一直上涨，使我们这些项目的总体造价就提高了。"

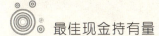

最佳现金持有量

这个案例让我不断反思财务学中关于"最佳现金持有量"这一概念，什么水平的现金持有数量对企业而言才是最合理的，答案是：没有答案！

很多时候，对一家企业而言，持有多少的现金并不是企业能够说了算，理论上的模型都是在严格的假设条件下推导出来的，在实践中能否运用有效？往往只有企业才知道。

不仅如此，这个"最佳现金持有量"也是变化的，去年现金持有 500 万元就足够了，而今年持有 1000 万元可能都还少。

不过，这种答案的不确定性并不能否认财务学中现金持有理论的价值，它让财务分析人员不断地朝着保持合理现金持有量这一方向努力，尽管不能实现绝对的最佳水平，但比起有的企业毫无现金规划来说，却是进步的。

然而，这里不得不指出，这一原理对于现实中那些集团化运作的国有企业来说，也许并不适用，因为这些企业持有多少资金，并不是以降低成本或提高企业价值为导向，而更多的是为了满足母公司对本企业预算执行效果的考核。如果考核期末账上的资金余额超过预算差异可容忍的上限，企业通常就会千方百计支付出去。通俗地讲，钱多了反而会使母公司考虑下一预算期间是否应该降低预算指标，而这并不是分公司所希望的结果；相反，如果低于预算差异可容忍的下限，企业就会争取各种收款而不会轻易付款。

上述案例给了我们一个启示：成本要得到降低，尤其是生产成本，有时需要资金的配合，我们不能仅仅只关注降低成本这一目标本身，还需要重视实现这一目标的各种前提条件。

【商学院点拨——最佳现金持有理论】

对一家特定企业来说，到底持有多少数量的现金最合理？即最佳现金持有量是多少？在财务学上，一般认为持有现金会发生三类成本：机会成本 C_1；转换成本 C_2；短缺成本 C_3。

①成本分析模式。在这种模式下，现金持有成本只包括机会成本 C_1 和短缺成本 C_3，不考虑转换成本 C_2，通过比较不同现金持有水平下的成本之和（$C_1 + C_3$），选择成本之和最小的现金持有量。

②存货模式。该模式只考虑持有现金的机会成本 C_1 和转换成本 C_2，最佳现金持有量即指使机会成本和转换成本之和最低的现金持有量，计算公式为：

$$TC(Q) = Q/2 \times K + T/Q \times F$$

式中：K 表示有价证券的机会成本率；F 表示出售有价证券换回现金的

交易成本；Q 表示每次有价证券转换为现金的数量；T 表示一定时期的现金总需求。

③随机模式。该理论认为，在现实中，企业对现金的需求量并不是固定的，而是随着生产经营的进行而波动的，这种波动并没有规律性，是随机的。因此，该理论根据历史经验总结后，得到了企业现金持有量模型：

$$R = \sqrt[3]{\frac{3b\delta^2}{4i}} + L$$

式中：b 表示每次有价证券的固定转换成本；i 表示有价证券的日利息率；δ 表示预期每日现金余额变化的标准差；L 表示现金存量的下限。

最佳现金持有量的上限 H 的计算公式：H = 3R − 2L。

下限 L 的确定受到一定经营期内环境、管理人员的风险承受倾向等因素的影响。

秘技22. 多久还钱最划算

"当年福特公司收购沃尔沃汽车，用了65亿美元。其实福特公司只要有5亿美元的自有资金就可以了，其余60亿美元都是可以从资本市场找到的。"

——格林柯尔创始人　顾雏军

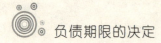 负债期限的决定

对于大多数企业，或多或少都会向银行申请贷款。不管银行承不承认，它们的确"嫌贫爱富"，几乎每家银行都在努力争取大型企业、国有企业、有政府背景的企业，并且给予较低的利率、较长的还款期限。

与之相反，如果企业不够大，并且与政府关系不够紧密，那么一般都是企业"求"着银行发放贷款，不管那种情况，企业都面临一个问题：向银行申请贷款贷多久？

通常来说，还款期限越长，利息越高。一家企业原本只需要贷款2年，但它如果贷款期限为5年的话，就算第2年末把款还清了，这第2年的利息还得按5年期的利息支付，这是不划算的，白白多支付了银行利息。

但有时企业会面临相反的情况。原本从银行那里取得了2年的贷款，但2年末才发现实际需要贷款3年，此时，就有两种结果：

①借新债还旧债。这需要企业在良好的信用记录下，从其他途径融到足够的资金，归还先前贷款，会增加企业在交易过程中的成本。

②违约。企业信用记录不好，或者新债没有及时到位，先前贷款无法偿还，给

企业的信用带来负面影响。

 ## 风险与稳定的匹配

最理想的情况是：企业需要多长期限的贷款就向银行申请多长期限的贷款。这个道理听起来很简单，也是正常的思考逻辑，但是要完全做到这一点，却并非易事。

因为企业需要的资金有些用于短期投资，有些用于长期投资。短期投资投入后，收回本金，再投入，再收回——实际上短期资金也成了长期资金；长期投资临时投资期满时，又成了短期投资。

一家企业究竟应当如何规划贷款？其中的方法和家庭中理财是一样的。

有一位朋友在国内一家大型证券公司工作，并担任总投资顾问一职，经验十分丰富。他爱人是另外一家期货公司的客户经理，做得也很出色。两个人都从事金融行业的工作，目前小日子过得很滋润，但几年前的生活却并非如此。

"好几次，我家人都不怎么同意我们在一起。"那位投资顾问朋友说道。

"哦？你们蛮合得来的呀？为什么家人要反对？"我问他。

"主要是家里面的人觉得我是一个做证券的，她又是一个做期货的，两个人的生活都很忙，并且风险都很大，结婚以后生活都不怎么稳定。"他很不理解的继续说道："行情好的时候，做证券也赚，做期货多半也赚；行情不好的时候，大家都亏，家里的日常开支都难以保证。"

尽管家人认为多少有些不完美，但后来，在两人的坚持下，还是走到了一起。

长辈的一席话，很简单直白，但其中的多虑并不无道理。

试想一下，小两口从事的都是风险很大的工作，这种风险不是来自于失业的风险，而是收入波动的风险，相比于一些实业行业的工作，证券从业人员的收入通常会随着行情的变化而大幅波动，而且经济总是有一个周期性，收入也会表现出起伏。

大多数人都是风险厌恶者，希望自己的收入稳定且逐步增长。

那位投资顾问的家人所考虑的是，遇到行情不好时，夫妻两人的收入都不好，如何支付家庭的日常开支，毕竟结婚后，将直接面临小孩的抚养费用。

无论是一个家庭还是企业，如果仔细分析一下，就会发现，不管一个月的收入怎样，总有一部分开支是固定的，如一个家庭的食品支出、日常通讯、交通、衣物、企业员工的工资、利息支出等，这些固定开支就是家庭或企业面临的风险。

经营企业和经营家庭遇到的情况是差不多的，当无法支付这些固定支出时，风险也就变成真正的损失了。

所以，那位家人也许并不懂太多的财务知识，但是生活经验却告诉他们，一个家庭每个月需要一个稳定的收入来支付日常花销，因为这部分日常花销是固定支出。

生活的智慧同样适用于企业的经营。一家企业要能够较好地抵御风险，一定时期内有一个稳定的收入或现金流入来应付日常运营。

那么回到开始的那个问题，应该向银行申请多长期限的贷款呢？这需要企业拟定一份现金流预算，预测一下，投资项目每期的现金流入与现金流出，然后再根据企业自身的现金流情况，再去分析资金缺口的大小。这样的贷款才是最合理，也是成本最低的。

【商学院点拨——营运资本筹资】

营运资本筹资政策，是指在总体上如何为流动资产筹资，采用短期资金来源还是长期资金，或者兼而有之。制定营运资本筹资政策，就是确定流动资产所需资金中短期来源和长期来源的比例，根据这一比例的不同，企业的经营资本筹资政策可以分为：配合型筹资政策、激进型筹资政策和保守型筹资政策。

　　配合型筹资政策要求按照匹配原则确定短期资金和长期资金的比例，即企业的长期投资由长期资金支持，短期投资由短期资金支持。在这种情况下，才能够实现企业的收益性与流动性的相对平衡。

　　采用激进型筹资政策的企业，其短期投资由短期资金提供，但长期投资却由长期资本和短期资金共同提供，即"短融长投"。相对于配合型筹资政策，激进型筹资政策由于企业短期资金比重较大，能够降低企业的资本成本，但却增加了企业的财务风险，一旦企业资金链断裂，则会难以偿还已形成长期资本的短期债务。

　　与激进型筹资政策相反，采用保守型筹资政策的企业，短期投资由短期资金和长期资金提供，长期投资则有长期资金提供，即"长融短投"。这种筹资政策，能够帮助降低企业的财务风险，因为短期投资能够在较短时间内收回，而长期融资不必在短期偿还，故偿债能力得到提高。但同时，长期融资一般需要支付较高比例的利息成本，因此降低了企业的收益性。

　　那么，企业应该选择何种筹资政策呢？这不仅需要企业根据自身的经营业务的现金流特点而定，而且更是需要把握宏观金融环境。比如，在金融危机中，企业应该多关注风险而不是收益，也就是说，应当多留出一部分过冬的粮食，为自己留出一点余地。

秘技 23. 一张发票可以避多少税？

"世界上只有两件事情是不可避免的，一是死亡，二是税收。"

——美国著名政治家 富兰克林

税收是企业重要的一项成本，比如所得税。在我国，目前的基本税率是 25%，也就说是，当企业每赚取 4 元钱时，就得向政府支付 1 元钱。如果加上其他一些税收，如营业税、消费税、城建税、教育费附加、印花税等，毫无疑问，企业实际承担的税费将大于 1 元。

如果能够减少税收开支，则是为企业创造了利润。难怪就有专家把税收作为除收入、费用之外，可以为企业来带利润的第三条途径。

@微博观点#一张发票可以避多少税#：【语录·哥尔柏：税收技术】"税收这种技术，就是拔最多的鹅毛，听最少的鹅叫。"——哥尔柏

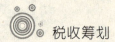 税收筹划

能不能够减少税费开支？答案是肯定的。因为在现在中，的确有不少的企业通过一些方法正在规避税收。首先需要申明的是，这些企业减少税费开支，并不是做假账，更不是偷税、漏税。那这种方法是什么呢？这种方法叫税收筹划。企业对待税收，要向对待销售产品一样，千方百计，尽可能多地避免缴纳一些可以不必缴的税。

税收筹划是一种策略，是企业在经营过程中，必不可少的策略。对手是税收法律，很多人一听到法律就害怕，"怎么可以去和法律火拼？那是国家制定的呀，弄

不好，会受到处罚的。"

这种担心并无不道理，现实中偷税、漏税，最后被判刑的活生生案例也很常见，所以绝大多数人都认为少缴税，就是在赌运气，抱着侥幸心理，如果没有被查出来，就是万事大吉；如果被查出来了，就只好自认倒霉。

给所有人都造成了一种假象，少缴税的话，以后肯定是要被惩罚的。的确税法关于偷税、漏税的惩罚是相当严厉的，并且可以不限期的追究责任。

造成这种假象还有一个原因是，媒体一般都只报道被法律惩罚的那些偷税的新闻事件，而对像苹果这样的大公司如何避税的，媒体报道较少，不是因为不想报道，而是由于外界很难取得公司内部的数据。

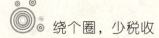 绕个圈，少税收

无论怎样，但可以肯定的是，合理规避税收也是行得通的，这里举个小的案例。

一家展览公司组织了一场展览会，参加这次展览会的每家展览商需要向展览公司缴纳费用0.8万元，共有50家商家参加了这次展览会，同时该展览公司需要向场地出租方缴纳10万元的场地租赁费。

如果不考虑其他方面费用的话，展览公司实际可以赚取的利润是30万元（0.8×50-10），根据我国现行营业税的有关规定，展览公司需要按照5%的税率缴纳营业税，但营业税并不是根据展览公司实际赚取的30万元缴纳，而要根据总收入40万元缴纳，也就是说展览公司的营业税为2万元（40×5%）。

有没有什么办法可以合理地减少展览公司的营业税呢？

其实只需要对"收款模式"做一些小的改动，就可以帮助企业减少一定的费用，那这又是什么模式呢？

方法很简单，原来的收款模式是，各展览商向展览公司缴纳 0.8 万的展览费，展览公司共开出 50 张发票，金额共计 40 万元；同时从缴纳场地租赁费时取得一张金额为 10 万元的发票。

新的收款模式是，各展览商只需向展览公司缴纳 0.6 万元的展览费，但还得向场地提供商缴纳 0.2 万元的场地租赁费，这就是新的模式，表面上并没有什么不同，但税收就已经减少了。

参展的商家依然支付 0.8 万元的费用，并无影响。

场地提供商依然收到 10 万元（0.2×50）的场地租赁费，只不过，增加了一些工作量，以前只需开出一张 10 万元的发票，而如今需要开出 50 张每张 0.2 万元的发票，但这些工作量的增加，是非常值得的。

展览公司却只收到 30 万元（0.6×50），但无须另外向场地提供商 10 万元的租赁费，这样的话，展览公司拿到手的钱还是 30 万元。

在新的收款模式下，展览公司只需缴纳 1.5 万元（30×5%）的营业税，就小小的改变一下收款模式，就可以为公司节约了 0.5 万元的税收，并且这种少缴税是没有什么违法风险的。

从上面这个小的案例能够看到，从形式上，多开出一些发票就减少了税费的支出，仅仅是增加了一些财务上的工作量，但本质上，是企业在工作模式上的一些改变。

实现同样地目的，可以有多条道路，在财务上也并没有差异，但税法可能对每条道路的征税情况却是不一样的，企业应当清楚地分析每条道路对企业税收和利润的影响，选择一条利润最大化的路。

【商学院点拨——税收筹划】

税收筹划是指纳税主体在国家法律法规和制度允许的范围内，有目的的选择能够减少企业纳税负担的行为方式，实现纳税主体利润的最大化。

　　纳税筹划有别于偷税、漏税等违法行为。偷漏税，是指纳税人或扣缴义务人故意违反税收法规，采取伪造、变造、隐匿、擅自销毁账簿或记账凭证、在账簿上多列支出或者不列、少列收入、经税务机关通知申报而拒不申报或者进行虚假的纳税申报的手段，不缴或者少缴应缴纳税款，情节严重的行为。

　　税收筹划具有如下特点：①合法性；②综合性；③事前性；④积极性；⑤目的性；⑥收益性。

　　税收筹划是一种合法的纳税主体筹划行为，主要有以下几种方式：

　　（1）积极利用税收优惠政策。强调符合税收优惠条件的纳税主体要积极申请税收减免，不符合优惠条件的纳税主体要积极创造条件，争取享受优惠。

　　（2）推延纳税时间。有些纳税方案尽管不能减少纳税总金额，但可以改变纳税金额的时间分布，在这种情况下，应选择后期纳税金额较大的方案，这可以减少纳税金额的现值。

　　（3）改变行为方式，符合税收优惠要求。

秘技 24. 负债的低息主义

"银行不会轻易地借给你一千万元美金，可是当你投资房地产的时候，你支付 10 美元，银行却愿意借给你 90 美元。"

——美国著名财商教育家 罗伯特·清崎《富爸爸穷爸爸》

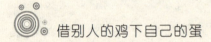 借别人的鸡下自己的蛋

从资本流动的角度来看，整个社会中有部分机构需要资金，而另外一些机构的资金又有富余，为此，就需要通过直接的或间接的融资渠道将资金从富余的机构转移到需求机构，进而发挥出资金的效用。

此外，从资金的需求者来看，只要资金收益率超过利息率，就应该多借钱经营，因为一旦经营获得收益，就可以在归还利息后，给企业留下额外的收益。对于理性经济人而言，这的确是一桩划算的买卖。如果不借钱，企业就颗粒无收。负债经营在财务学上被称之为财务杠杆，发挥了四两拨千斤的作用，帮助企业完成了一些需要巨额资金投入的事情。

之所以叫财务杠杆，就是因为，企业只需少量资金投入，就可以完成较大金额的买卖或经营。

例如，企业购买一台售价 100 万元的设备，自己只有 30 万元，很明显依靠自有资金是无法实现这一交易的。但企业可以与银行达成协议，以设备作为抵押取得 70 万元贷款，并支付 8% 的年利息。对于企业而言，只要设备的收益率超过 8%，如 10%，这份协议就是可行的。因为企业可以赚取 2% × 70 万元 = 1.4 万元的额外收益。总体上看，企业用 30 万元赚取了 10% × 30 万元 + 1.4 万元 = 3.4 万元的收益，

收益率达到 11.33%，有超过 10% 的项目收益率。

负债经营也经常被人们形容成"借鸡下蛋"、"空手套白狼"等。不管怎样，无论是流芳百世的睿智犹太人，还是红顶商人胡雪岩，他们都将负债经营作为赚取财富的重要技巧。

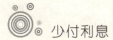 少付利息

资本市场的发展，对企业的财务工作产生了重要的影响。一方面，层出不穷的金融工具能够帮助企业实现多样化的财务目标；另一方面，设计复杂的金融工具对财务人员的专业性提出了更高的要求。

在实践中，企业可以选择恰当的金融工具，降低企业的某些费用支出。

几年前，我曾和几位教授接受国内一家高速公路经营公司的委托，为其设计一套融资方案。

这家高速公路经营公司属于典型的地方投融资平台，承担了很多政府的职能。简单的说，就是大力并快速修建区域内的高速公路，为地方经济发展服务。为什么要快速的修建？是因为该地区的基础设施建设起步较晚，已经落后于国内其他一些省份。

与其他投融资公司遇到的情况一样，尽管是公司运作，但主管部门还是交通厅这样的政府部门。但该公司面临的一个困境是，政府要求修路，但出资额度很少，大概只占项目造价的 20%，也就是说，80% 的项目建设资金需要靠企业自己融资。

在国内，这类具有政府背景的企业，政府产权自身就是一份隐形担保，各大商业银行也很乐意贷款给该公司。但由于近几年，该企业多个项目同时快速上马，导致企业负债短期急剧攀升，资产负债率（负债占资产的比

重）远远已超过银行风险管理的要求，难以继续取得贷款。

在我国承接融资方案设计的委托之前，已有国内一家知名券商对该公司进行了资金预算。从资金预算结果中我们发现，该公司在未来 5～10 年内，仅就偿还利息这一项财务费用就高达数亿元。该高速公路运营公司的一位副总经理也告诉我们：

"我们公司一直都有内地 A 股上市的计划，但财务条件不能满足上市要求。"

"那可以去香港试试吧！"我们给出了我们建议。

"但也不愿意去香港上市，那里的市盈率太低。"那位副总解释说。

确实，就债务这一条估计也很难通过证监会发审委的审批，更不要说盈利状况了。

那么有没有什么办法可以帮助公司融得一些资金，但又不要过多地增加企业的利息负担呢？

在经过一段时间对该公司的经营特点和财务状况有了深入了解后，我们提出了两个主要解决方案：

（1）资产证券化。通俗的讲，资产证券化就是把"死"的资产盘"活"，这取决于该公司的经营特点，高速公路经营公司的现金流出通常是建设期一次性投入的，而现金流入则是通过长期路桥收费逐渐收回，上一条高速公路的成本还没有收回来，下一条高速公路的建设又开始了。

在这种情况下，可以将公司的资产——每条高速公路打包出售给投资者，快速回笼资金，投资者则享有每年从高速公路收费中获取收益的权利。

（2）发行可转债。可转债特别适合这类公司，首先在未转换成股票之前，每年只需支付 1% 甚至 0.5% 的利息，远低于同期同类银行贷款利息，可以减少利息负担；同时转换成股票后，在一定条件下，也可以作为公众股上市流通，符合公司最终上市的计划。

上面提到的资产证券化属于金融学，美国耶鲁大学法博齐教授被称之为"证券化之父"。他认为，资产证券化可以被广泛地定义为一个过程，通过这个过程将具有共同特征的贷款、消费者分期付款合同、租约、应收账款和其他不流动的资产包装成可以市场化的、具有投资特征的带息证券。

狭义的资产证券化是指将缺乏流动性但可以产生稳定的可预见未来现金流的资产，按照某种共同特征分类，形成资产组合，并以这些资产为担保发行可在二级市场上交易的固定收益证券，据以融通资金的技术和过程。

资产证券化的参与者主要有：①发起人；②服务人；③发行人；④承销商；⑤信用评级机构；⑥信用增级机构；⑦受托管理人；⑧投资人；⑨中介机构。

资产证券化有很多种类，常见的分类方式有以下几种：①根据证券化的基础资产不同，可以将资产证券化分为不动产证券化、应收账款证券化、信贷资产证券化、未来收益证券化（如高速公路收费）、债券组合证券化等。②根据资产证券化主体所属地域不同，可将资产证券化分为境内资产证券化和离岸资产证券化。③根据证券化产品的金融属性不同，可以分为股权型证券化、债券型证券化和混合型证券化。

@微博观点#利息费用#：【华尔街名言】"如果有一个稳定的现金流，就将它证券化。"——流传于华尔街的名言

事实上，资本市场为公司的发展提供了很多工具和方式，运用得当可以助企业一臂之力。但同时，金融工具也蕴含着不同程度的风险，在使用时，更要注意风险转化成损失的可能性。

【商学院点拨——财务费用】

财务费用指企业在生产经营过程中为筹集资金而发生的各项费用。包括

企业生产经营期间发生的利息支出（减利息收入）、汇兑损溢、相关手续费和其他财务费用。

其中：利息支出（减利息收入）是企业各种有息负债的利息，如果利息支出符合条件，应当予以资本化，不包括在财务费用中。

汇兑损溢，指企业因向银行出售或购入外汇而产生的银行买入、卖出价与记账所采用的汇率之间的差额，以及月度（季度、年度）终了，各种外币账户的外币期末余额按照期末规定汇率折合的记账人民币金额与原账面人民币金额之间的差额等。

相关的手续费，指发行债券所需支付的手续费（需资本化的手续费除外）、开出汇票的银行手续费、调剂外汇手续费等，但不包括发行股票所支付的手续费等。

秘技 25. 公允价值的几度悲欢

"从表面特征来看，公允价值绝对是在好的时候可以使公司的报表更加好看，在坏的情况下使公司的报表更加难看。但从更深层次来说，如果没有公允价值也就不会有更差的时候或更坏的治理。"

——会计学家　瓦茨

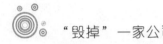"毁掉"一家公司

就算没有听说过公允价值这个词，但你肯定听说过雷曼兄弟这家全球知名投资银行，因为它在 2008 年 9 月 15 日的破产申请成为了这次金融危机的标志。许多研究者正是将雷曼兄弟的破产归咎于公允价值在金融业的泛滥，那到底什么是公允价值呢？

先看看以下这个简单的例子：

如果一家上市公司购买了一幢房屋，假设可以用 10 年，10 年后就正常报废，没有净残值。当时的购买价格是 1000 万元，那么在会计核算上，该幢房屋被计入了固定资产这个科目类别，并同时计量为 1000 万元，然后每年计提 100 万元的折旧费用（假定平均摊销）。

可是，在使用 5 年后，公司发现房地产价格快速的上涨，这幢房屋的价值已经上涨到了 1500 万元，此时公司开始困惑了。因为按照监管要求，上市公司每年都必须对外公布财务报告。问题便随之产生了：应该对外披露

500万元呢？还是1500万元？

因为根据固定资产核算方法，每年折旧100万元，5年共折旧500万元，固定资产剩余价值500万元，这并没有什么计算错误。然而公司的管理层始终感觉不妥，因为按照这种方法核算，就意味着公司在告知所有报表阅读者一个事实：公司目前正拥有一幢价值500万元的房屋，但这幢房屋目前真正价值为1500万元。也就是说，倘若立即将其出售，公司便能够收到1500万元的资金，似乎这1500万元才是这幢房屋的真实价值。

这两种逻辑推论都没有错，只是从不同的角度，采用了不同的计量属性对同一资产进行不同的计量，导致了截然不同的计量结果。

与企业管理中谈到的利润不同，在会计上，企业的利润不一定非得是实现了的利润，也可能仅是停留在账面上的，只有等待产生这部分利润的资产出售时，才能成为实实在在的利润。

公允价值的变动就是产生非收现利润的重要因素之一。就以上面例子为例，如果企业将这幢房屋出租，从中赚取租金，那么只要符合会计准则规定的一定条件，就可以将其计入"投资性房地产"，并以公允价值进行计量。当房屋价格上涨（下降），房屋这项固定资产在会计上就以上涨（下降）后的价格重新计量，上涨（下降）的部分就称之为"公允价值变动损溢"，这部分价格变动就会增加（减少）企业利润。

 计量属性

究竟什么是公允价值呢？根据《企业会计准则——基本准则》（2006）的定义，在公允价值计量下，资产和负债按照在公平交易中，熟悉情况的交易双方自愿进行资产交换或者债务清偿的金额计量。

除此之外，计量属性远不止公允价值这一种，还有历史成本、重置成本、可变

现净值、现值等。

在历史成本计量下，资产按照购置时支付的现金或者现金等价物的金额，或者按照购置资产时所付出的对价的公允价值计量。负债按照因承担现时义务而实际收到的款项或者资产的金额，或者承担现时义务的合同金额，或者按照日常活动中为偿还负债预期需要支付的现金或者现金等价物的金额计量。

在重置成本计量下，资产按照现在购买相同或者相似资产所需支付的现金或者现金等价物的金额计量。负债按照现在偿付该项债务所需支付的现金或者现金等价物的金额计量。

在可变现净值计量下，资产按照其正常对外销售所能收到现金或者现金等价物的金额扣减该资产至完工时估计将要发生的成本、估计的销售费用以及相关税费后的金额计量。

在现值计量下，资产按照预计从其持续使用和最终处置中所产生的未来净现金流入量的折现金额计量。负债按照预计期限内需要偿还的未来净现金流出量的折现金额计量。

但是，公允价值并不是完美的，从它一诞生的那刻起就受到很多的质疑，其中，最突出的问题就是：这部分因公允价值而产生（增加或减少）的利润，对企业而言，它没有真正实现。未来将这幢房屋出售时，可能会是截然不同的价格，它无形中增强了企业利润的波动性。

@ 微博观点#公允价值的几度悲欢#：【观点·佩顿：成本与公允价值】"成本和价值并不是相抵触和相排斥的概念。在购买日，至少对于大多数交易而言，成本和价值在本质上是一致的。就支付媒介是非现金财产而言，购入资产的成本应按所转出财产的公允市场价值确定。事实上，成本是重要的，因为其大致等于购买日的公允价值。"——美国著名的会计学家威廉·佩顿《会计中的成本和价值》

不管怎样，既然会计准则规定了公允价值的使用，那么它就可能对企业的利润产生有利或不利影响。

【商学院点拨——公允价值：罪魁祸首还是替罪羔羊？】

在金融危机后，社会各界开始反思金融危机爆发的深层次原因，总结金融危机的经验教训，在所有的诱发原因中，反对公允价值的呼声格外强烈。

他们认为公允价值是引发金融危机爆发的罪魁祸首，其理由，随着美国利率的连续上调，按揭购房者每月偿还的利息不断上升，导致部分人无法按期支付月供，再加上房地产的市场价格下跌，使得资产管理人（如投资银行等）将市场价格下跌计入公允价值变动损失，在账面上出现亏损的局面。市场并不全是理性的，投资人看到亏损后，开始抛售手中的资产，从而加剧了恐慌的产生，资产价格进一步下跌，被迫低价变现资产。

因此，这一批反对公允价值的人们认为公允价值是导致金融危机的根源，如果没有采用公允价值，而是采用历史成本，那么账面上就不会出现亏损，也不会进一步恶化成金融危机。

然而，也有人说，把金融危机产生的原因归结于公允价值是不正确的。因为在金融危机爆发之前，公允价值在会计实务中已经得到了一定程度的运用，只不过近年来运用范围扩大了罢了。金融危机的真正原因在于资本主义市场经济固有的体制缺陷，是资本逐利的本性导致的，公允价值只是那些既得利益者转移公众视线的手段而已，它被当成了替罪羔羊。

时至今日，关于该不该推广公允价值在财务和金融领域的运用的争论还远未停止。不管怎样，公允价值在提高会计信息决策相关性方面的确功不可没，如何更好地权衡公允价值相关性与可靠性之间的矛盾，仍是当前重要的研究领域。

秘技 26. 那些年，一起追过的资产减值

"为缓解危机而实行的策略必引发通胀，现金是注定会贬值的可怕长期资产。胜负在于信心何时能恢复，而美国的房地产能否止跌将是信心转折的关键。"

——股神巴菲特

随着经济社会的不断发展，企业利润不再局限于产品或服务所带来的，它早已跳出了实业部门，扩展到了金融领域，甚至还涉足其他一些无法被企业控制的领域，比如资产发生的减值损失就是其中重要的一种。

资产减值，是指资产的可收回金额低于其账面价值。

据《上海证券报》2009 年 4 月 30 日报道：截至 4 月 28 日，沪深两市有 1503 家上市公司披露年报。上述已披露年报公司 2008 年共实现净利润 7880 亿元，较上年合计数 9362 亿元下降 16%；2008 年共确认资产减值损失 3676 亿元，较上年合计数 1466 亿元增加 151%；资产减值损失金额与净利润之比高达 47%，上市公司计提的各项资产减值准备对业绩杀伤力之大，由此可见一斑。

在净利润下滑幅度较大的上市公司身上，资产减值损失对业绩的拖累更加明显。在已披露年报的公司中，有 473 家公司净利润同比下降幅度在 50% 以上。而在上述 473 家公司中，多达 405 家公司在 2008 年度计提了资产减值损失，占比高达 86%；184 家公司资产减值损失金额是上年数的 2 倍以上，占比 39%；61 家公司资产减值损失较上年增加过亿元，占

比 13%。

如贵研铂业 2008 年度亏损 8540 万元，而上年盈利 10 844 万元。因贵金属价格及镍产品价格大幅下跌，该公司不得不计提大额存货跌价准备，2008 年度共确认资产减值损失 12 072 万元。如果没有存货减值的影响，贵研铂业 2008 年度盈亏完全有可能改写。

时隔一年之后，《上海证券报》又对我国上市公司 2009 年的资产减值情况进行了分析，结果显示在 2009 年资产减值变成"香饽饽"，强周期行业如地产、有色等利用计提冲回扮靓业绩，其经营由此也呈现了更大的波动性。悲喜一夜间转化，2009 年虽说减值损失已被公推为业绩推手，但仍有不少行业因产业升级等特殊原因品尝到一次性计提的剧痛。

统计显示，截至 4 月 29 日，两市共有 1777 家上市公司发布年报，其中资产减值损失合计为 1522 亿元，较去年底的 3956 亿元大幅缩减 61.5%。同时，该部分公司上年共实现净利润 1.07 万亿元，较去年的 8437 亿元增长 26.8%。若以减值损失占净利润之比来看，2009 年该比值为 0.14，而 2008 年则高达 0.47（前者不到后者的 1/3）。且回查历史数据，0.14 的比值在过去十年中均处于历史低位。

仔细来看，2009 年年底共有 295 家企业存在资产减值冲回增厚业绩的情况。其中最高者为宝钢股份，冲回 6.35 亿元，而上年末则计提了高达 58.9 亿元的减值损失，代表着资本市场上的有色大军渐渐洗去了 2008 年的灰头土脸。

◎ 资产减值迹象

当企业存在下列迹象时，表明资产可能发生了减值：

（1）资产的市价当期大幅度下跌，其跌幅明显高于因时间的推移或者正常使用而预计的下跌。

（2）企业经营所处的经济、技术或者法律等环境以及资产所处的市场在当期或者将在近期发生重大变化，从而对企业产生不利影响。

（3）市场利率或者其他市场投资报酬率在当期已经提高，从而影响企业计算资产预计未来现金流量现值的折现率，导致资产可收回金额大幅度降低。

（4）有证据表明资产已经陈旧过时或者其实体已经损坏。

（5）资产已经或者将被闲置、终止使用或者计划提前处置。

（6）企业内部报告的证据表明资产的经济绩效已经低于或者将低于预期，如资产所创造的净现金流量或者实现的营业利润（或者亏损）远远低于（或者高于）预计金额等。

（7）其他表明资产可能已经发生减值的迹象。

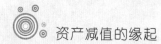 资产减值的缘起

那么，资产减值是如何产生的呢？它又是如何给企业利润产生影响的呢？看一个最简单的例子：

如果企业在 2000 年 12 月购买了一台机器设备，购买价格和相关的运杂费共计 100 万元，那么会计上就把这 100 万元记为机器设备这项固定资产的初始价值。这项机器设备按照规定可以使用 10 年，10 年后没有残料收入，即预计净残值为零。企业为了计算方便，将这 100 万元机器设备在 10 年间平均折旧，那么，每年的折旧额就是 10 万元。

2006 年 12 月，当企业使用 6 年后，产品更新速度加快，该企业发现用这台设备生产的产品已经属于被市场淘汰的产品类型了，而这台机器又不能用于该企业其他产品的生产，因此，管理层一致决议通过，将该设备变

现出售。

当这份决议下达至财务部门时，负责固定资产核算的会计人员很快收集到了该设备在二手市场上的报价，再对比设备的新旧程度、维修记录和开工使用时间等参数，最后估价为 10 万元。

为此，会计人员会进行一项计提资产准备的核算工作。该设备使用了 6 年，已计提折旧 60（6×10）万元，那么，该设备账面上还记录剩下 40 万元的价值。但是，2006 年 12 月底计划出售时，该设备价值估计只有 10 万元，这就产生了 30 万元的差额，在会计上，就把这 30 万元差额称之为资产减值，并作为一项损失计入利润表中，导致企业整体利润的降低。

既然资产减值会侵蚀企业的利润，那么有没有什么办法可以减少资产减值，或者减弱资产减值对企业利润的影响。从总量上看，很难避免资产减值损失的发生，因为企业所拥有资产能否发挥应有的功能，能否按照购买时的预计用途使用，并不完全由企业掌控，而在很大程度上受到市场环境的影响。从这种意义上说，企业通常只能被动的接受资产减值这一事实。

应对资产减值的方法

企业仍然采用某些方法，如加速折旧等，对资产减值风险进行一定的控制，并在一定程度上将减值损失对企业利润的影响降至最低。

以加速折旧为例，它是企业计提固定资产折旧的一种方法，具体来说有双倍余额递减法、年数总和法等形式，这类方法是与直线折旧法相对应的。加速折旧法最本质的特点是在资产使用的前期折旧额加大，随着使用时间的推移，折旧额逐渐减少。

加速折旧法打破了直线法每期折旧额相等的局限，更加符合一般性资产的使用特点。比如，对于一辆全新的使用寿命为十几年的小汽车，通常使用到第 5 年左右时，从新旧价值的角度看，汽车已经折旧了50%。加速折旧法更能够真实反映资产使用情况。

不仅如此，加速折旧法还可以帮助企业控制资产减值风险，因为一项固定资产使用时间一般较长，前期多计提折旧的话，就可以减少资产未来不确定性带来的资产减值，等到资产减值实际发生时，资产的账面价值相对于直线法而言，已经降低了很多，即便要确认资产减值损失，金额也减少了。

然而，资产减值不只是企业的损失，它也可能给企业带来正的利润。比如，有一批原材料在2年前计提了5万元的资产减值，2年后，如果这批尚未被生产领用，仍然还保管在仓库中，但是该批原材料的价格上涨了3万元。在这种情况下，2年后价格上涨的当年，企业就可以确认3万元的正收益，从而导致企业利润的增加。

【商学院点拨——资产减值】

根据中国会计学会的统计，2007年1570家上市公司中，有692家上市公司（占1570家的44.08%）披露了对长期资产计提了减值准备。其中，161家上市公司根据本公司情况披露了各项资产减值的迹象，占1570家的10.25%。702家上市公司披露了确定资产减值时对资产组进行了认定。

1152家上市公司披露了长期资产可收回金额的确定依据。多数上市公司披露了长期资产公允价值的确定方法、预计的资产未来现金流量、涵盖期间和折现率等信息。计提减值准备的资产主要是长期股权投资和固定资产，也发现有极少公司转回长期资产减值损失的情况。451家上市公司（占1570家的28.73%）存在商誉，其中，373家上市公司（占有此类业务公司数的2.71%）对商誉进行了减值测试。

秘技 27. 股权激励：激励了员工还是激怒了股东？

"卓越的公司，排在第一位的不是你支付报酬的多少，而是你将报酬支付给何人。如果你有适合的雇员，在他们力所能及的范围内，他们会为创造一个伟大的公司而努力。他们会高效率的完成工作，不会因为报酬少而折腰，这就好比他们的呼吸不受控制一样。"

——现代管理学之父　德鲁克

在企业的成本中，有一项是支付给员工的薪酬，包括员工的工资、奖金、社会保险、离职补偿、企业年金等，这种成本也常被称之为人力成本。

对于一家经营良好的企业来说，企业的股东通常不会刻意的减少员工薪酬，因为这只会招来员工的不满，甚至辞职。因此股东在制定薪酬制度时，不应该太在意薪酬水平的高低，而应当将更多的精力关注如何用薪酬这一机制来激励员工，尤其企业的高级管理人员和关键技术人员。

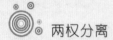 两权分离

股份制公司的兴起极大地提高了全社会资金的使用效率，随着公司规模的不断扩大，出资成立公司的股东可能没有时间、精力和知识去管理这家公司，而社会中又有一些人有时间、精力和知识去管理公司，但没有足够的资本金去经营一家公司，这些人也常被称之为职业经理人。

就这样，股东首先作为所有者出资成立公司，拥有所有权，然后聘请职业经理人管理公司，职业经理人只拥有经营权，承担受托经济责任，其经营收益和风险均

由所有者享受和承担，所有权与经营权从此就分离了，这就是现代公司治理中的"两权分离"。

两权分离在股份制公司产生之日起就一直存在，并决定了公司治理机制发挥作用的效果，这又对企业的利润产生了重要的影响。因为职业经理人不仅希望取得股东支付的显性薪酬，而且还希望能够获得更多其他的隐性薪酬，如闲暇休息时间、社会地位、个人声誉、在职消费等。

然而这些隐性薪酬中的大部分都与股东利益相矛盾，因为股东总是希望职业经理人为股东创造最大的利润，而职业经理人的收益不一定完全与企业价值一致，也就是说，理性的职业经理人会为了自身利益而非股东利益努力工作。

当两权分离发展到这一步，股东就会自然提出一个问题：如何才能使职业经理人更好地为股东最大化利润努力工作？为企业创造更多的利润？如果沿着上面的分析思路，可以很快的找到解决问题的答案，那就是，让职业经理人的收益与股东收益（也就是企业利润）相一致。

@微博观点#股权激励#：【观点·亚当斯密：谈利益冲突】"在钱财的处理上，股份公司的董事是为他人尽力，而私人合伙公司的伙员，则纯为自己打算。所以，要想股份公司的董事们监视钱财用途，像私人合伙公司的合伙人那样用意周到，那是很难做到的。"——亚当·斯密

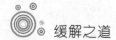

缓解之道

在现实中，如果要让二者的收益完全做到一致是不可能的，因为只有当职业经理人与股东是同一人才能实现。尽管如此，这并不影响人们千方百计的缓解这一困局。其中有一个方法目前正在我国股份制公司，尤其是上市公司中逐渐被采纳，这个方法就是股份支付。

通俗的表达就是让高级管理人员也持有少量份额的股份，使得他们在为股东利

润最大化努力工作时，也能够分享公司创造的利润。

华为技术有限公司创立于 1987 年，总部位于深圳，经过 20 多年的拼搏奋斗，从过去一家不起眼的民营企业，已经蜕变成了如今仅次于爱立信的全球第二大通信设备提供商。华为技术有限公司的业务涵盖了移动、宽带、IP、光网络、电信增值业务和终端等领域，致力于提供全 IP 融合解决方案。

华为技术有限公司 2008 年提交了 1737 项 PCT（全球《专利合作条约》）国际专利申请，超过了第二大国际专利申请大户松下（日本）的 1729 项和皇家飞利浦电子有限公司（荷兰）的 1551 项，名列 PCT 申请量榜首，入选中国世界纪录协会世界专利申请世界之最，华为入选首批"国家技术创新示范企业"。2010 年入选《财富》世界 500 强，也是继联想集团之后，我国第二家入选世界 500 强的民营企业，更是这 500 家企业中唯一一家非上市公司。

近年来，随着华为的影响力逐渐增大，越来越多的人对华为成功背后的原因产生了极大的兴趣。其中，有人将其归因于虚拟股权的员工激励机制，尽管这一机制备受争议，但深入分析后，不得不承认为华为公司的快速发展在很大程度根源于虚拟股权的激励。

事实上，由于华为是一家非上市公司，推行的虚拟股权与上市公司较为完善的公司治理机制中的股份支付，存在一定的差异，但从本质上讲，二者都是为实现员工利益与股东利益尽可能趋于一致的目的。华为实行的虚拟股权实质上仅是授予员工分享企业红利的权利，股权的多少也只是计算红利的数量，而拥有这些虚拟股权的持有人（员工）并不具有公司的表决权、决策权等其他股东权利。就这样，华为将员工的利益与企业的命运紧密地联系在一起，员工持股分得的红利做为企业的一项薪酬支出，但这项举措极大地发挥出了薪酬机制的激励作用，为企业创造了巨大的经济效益。

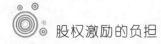

股权激励的负担

需要注意的是，股份激励并不是十全十美的，它在帮助股东激励员工，尤其是高管时，如果运用不当，反而会加重企业的负担，侵蚀企业利润。

2008 年 1 月 31 日，伊利股份发布《2007 年年度业绩预亏公告》：2006 年公司同期业绩为净利润 34459 万元，每股收益 0.67 元，而 2007 年要出现亏损。亏损原因是：公司实施股票期权激励计划，依据《企业会计准则第 11 号——股份支付》（下称会计准则第 11 号）的相关规定，计算权益工具当期应确认的成本费用（即"期权费用"）所致。

然而，2007 年全年的亏损并不是企业经营不善或者外部经营环境恶化造成的，而是由于企业实施的股票期权导致的。事实上，伊利股份 2007 年实现主营业务收入 193.6 亿亿元，同比增长 17.56%，基本符合股改承诺。如果没有股权激励，公司则会实现净利润 4.39 亿元，较 2006 年增长 27.46%。但是，计提股权激励费用约 5.54 亿元，归属于母公司所有者的净利润亏损 1.15 亿元，同比下降 199.70%；折合基本每股收益为 -0.22 元。

因此，在如此大的落差下，股民也是哭笑不得，明显是一家盈利能力不错的上市公司，并且收入同比还取得了不错的业绩，但偏偏出现了亏损的业绩数字。尽管股民心里也清晰地知道，这只是会计花招而已，但亏损的局面始终还是大家不愿看到的结果。最后，股东还是选择了用脚投票，信息披露当天，伊利股份的股价下跌 9.96%，几度封停。

股权激励是双刃剑，企业家在运用这一激励工具时，要特别小心，我国企业运用这一方法的时间还不长，经验还不够丰富，制度设计还不够完善。因此，常出现一个悖论现象：本是用于促进管理者努力为股东权益服务的股权激励，到最后演变成了名正言顺攫取股东财富的手段，它不仅没有发挥激励作用，反而把股东给"激怒"了，这就不难理解为何九阳股份这家公司的股权激励方案遭遇半路夭折，事出同因。

最后，让我们再来看看伊利股份的股票期权损失是如何产生的呢？伊利股份通过专门的计算程序，求得了这些股票期权的公允价值为每股 14.779 元，并认为这部分期权价值是公司在未来应该作为薪酬支付给员工的。为此，按照会计准则的规定，应当将这部分未来的薪酬通过预提的方式，作为当期费用。从而费用大幅增加，利润也随之出现"由盈转亏"。

【商学院点拨——股份支付】

股份支付分为以权益结算的股份支付和以现金结算的股份支付。以权益结算的股份支付，是指企业为获取服务以股份或其他权益工具作为对价进行结算的交易。

以权益性结算的股份支付又包括限制性股票和股票期权。限制性股票是指职工或其他方按照股份支付协议规定的条款和条件，从企业获得一定数量的企业股票，在一个确定的等待期内或者在满足特定业绩指标之后，方可出售。股票期权，是指在未来一定期限内以预先确定的价格和条件给予购买本企业一定数量股票的权利。

以现金结算的股份支付，是指企业为获取服务承担以股份或其他权益工具为基础计算确定的交付现金或其他资产义务的交易。

以现金结算的股份支付包括模拟股票和现金股票增值权。这两者都与股票挂钩，但是不需要实际授予和持有股票。现金股票增值权的运作原理和股票期权是一样的。模拟股票运作原理和限制性股票一样。

秘技 28. 谁说广告一定要花钱？

"步步高在黄金时间投放的广告是给消费者看的，而在非黄金时段投放的广告是给经销商、零售商看的。零售商回家比较晚，当他们看到非黄金时段的广告时就会认为你在黄金时段也投放了广告，而愿意经销你的产品，这两个时段是相辅相成的。"

——步步高集团董事长　段永平

在竞争激烈的现代商海中，广告不再简单的为推广产品服务，它早已演化成了企业与企业之间、产品与产品之间相互竞争的一把利剑。一方面，广告可以向消费者传递企业的经营理念和产品的价值内涵；另一方面，还可以让自己的产品与其他产品较好的区分出来，从而提高产品的可辨识度。

为此，一旦企业做到了一定的规模，广告营销便是其突破区域限制和行业限制的必然选择，每年一到广告招投标的时候，就有不少企业蜂拥而至，为了争夺优良而稀缺的中介传媒而不惜成本的投入。

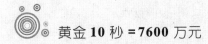 **黄金 10 秒＝7600 万元**

来看看 10 秒钟的广告价值多少钱，你就能从中察觉到广告在现代企业经营中的重要性。2011 年 11 月，在被视为中国经济晴雨表的央视黄金资源广告招标会上，第一个明标竞拍项目——"新闻联播后 10 秒标版"第一时间单元第一选择权，最后被中国银行以 7600 万元中标价摘得，这个价格同比上涨 51.7%，比标底价 2600 万元溢价了 192%。

然而，如此高的广告费用并不是每家企业都能够支付得起的，在财务上，通常把这种广告费用称之为企业的销售费用。通俗地讲，销售费用是企业在销售产品过程中发生的与销售活动有关的支出，属于三项期间费用之一。很明显，销售费用是企业利润的抵减项，它的支付会导致经济利益的流出。很多企业并不太愿意在该项费用上花费太多，其主要原因就在于该项支出通常金额较大，再加上其效益要长时间内才能够凸现出来。

因此，关于广告费用的开支，企业应该做到综合权衡，既要确保大量资金流出不会对企业短期的生产经营造成过重的负担，又要保证投放的广告能够起到明显提升销量的目的。

国内有一家主要经营日化消费品的集团公司，于 2009 年 7 月成功登陆香港 IPO，这家公司上市以来一直受到众多投资者的追捧，其风生水起的势头，让当时的市场似乎忘记了，日化消费品的国际巨头宝洁正在换帅 CEO 这一大事。可以推测，倘若没有这家公司在香港上市，那么社会关注的焦点必定是宝洁。

这家国内日化消费品公司并不是什么神秘的新秀，因为它生产的果酸首乌、皂角首乌洗发露早在 1998 年就已经问世，当时在多样化营销手段下，销售业绩令人满意。然而，随着市场的发展，各种多样性的日化消费品层出不穷，2001 年，索芙特的"负离子"洗发水自推出以来，就迅速用"洋气"的概念吸引了市场的眼球，概念营销的风暴成为了风向标。

在如此瞬息万变的市场中，果酸首乌、皂角首乌洗发露节节败退，逐渐丢掉了部分江山。为此，该公司决定与索芙特短兵相接，正面交锋，推出了自己的"阳离子"洗发露，不过，概念终归概念，这种洗发露并没有取得满意的市场效果，公司产品也随之淡出了人们的视线。

然而，2005 年，该公司决定重振旗鼓，在众多国际巨头的夹缝中夺回自己的江山。不过，该公司并没有进行根本性的变革，仍打中草药配方这一张王牌，只不过公司的这次出山，聘请了国际功夫巨星成龙作为产品的代言人。同时，这个产品不再叫霸王果酸首乌、皂角首乌洗发露，而是通过产品升级换代，采用现代工艺技术，打响"中药世家"的名号，细分防脱市场，全方位的传递防脱这一功能，这就是目前市场上的霸王防脱洗发水。

其实，霸王并不是什么新鲜品牌，早在十几年前，就已经被注册了。1997年，霸王公司从华南研究所买下了中草药成分的植物洗发配方专利，并运用到当时的产品中。只不过直到2005年，这种洗发水整合了"中药世家"的烙印，加上成龙"中国功夫"的形象，以及人们注重生活品质的意识这三者的合力后，才异军突起，在洗发水的市场占有率也从2005年的0.7%，一举攀升至2008年的7.6%。当然，霸王在2005年也以付出超过1000万元的代言费和5000万元的广告费作为代价。

毫无疑问，霸王公司的广告费用投入是值得的，为企业赚取了巨大的销量和难以估计的品牌价值，它给我们的启示是，广告并一定只是意味着企业经济利益的流出，而很可能是企业赚取利润的工具。

 140 个字的裂变力量

近些年，随着互联网的兴起，人们的消费方式和消费习惯正经历着翻天覆地的变化，企业的营销策略也悄然发生着转变。如果你具备足够的洞察力和专业敏感性，那么也许可以帮助企业节约一大笔金额可观的营销费用，因为太多的新生事物如雨后春笋般涌现，任何一种新鲜事物都可能影响甚至改变人们的生活方式，其改变越多，对于企业而言，可以利用的营销机会也就越多。

如今，微博算不上什么新鲜玩意儿，但在几年前，当微博第一次出现在人们生活中时，很多人也仅仅是把其看成是网络交流的新工具，并没有意识到这简短的 140 字有什么商机。但在敏锐的企业家眼中这却是难得的营销机会，事实也证明这 140 个字撬起了巨大的经济利益。

在微博营销中，凡客诚品是第一个"吃螃蟹"的公司，凡客诚品作为一家 B2C 的电商企业，由于在与客户交流互动方面存在天生的缺陷，无法像实体店那样面对面去了解客户的需求。然而，微博的出现无疑助了凡客诚品一臂之力。"我们的微博肯定是为销售服务的，但我们并不会在微博上卖东西。"凡客媒介经理李剑雄说。

在尝到甜头后，凡客诚品成立了专门的"新媒体推广部"，负责微博的维护、推广和互动。你能想象 140 字有多大的渗透力吗？截至 2012 年 9 月底，"VANCL 粉丝团"微博的粉丝已经高达 94 万人。也就是说，一条微博首次裂变，可以渗透到 94 万人中，这还没有将二次转发裂变的数据统计在内，这一传播深度和广度令诸多传统媒体望尘莫及。

以典型的凡客体为例，黄晓明曾经为凡客代言，并制作了一段凡客广告。与传统营销不同，该则广告并没有选择"先电视后网络"的模式，而是大胆的进行了网络首发的逆向尝试。"七岁，立志当科学家；长大后，却成为一个演员。被赋予外貌和成功，也被赋予讥讽和嘲笑，人生即是如此，哪有胜利可言。挺住，意味着一切。"当这段带有浓厚凡客色彩的广告语出现在新浪微博上时，当天的转发量就已高达 12 万次。

一位营销专家甚至表示："微博营销与凡客体打通了凡客诚品的任督二脉，一夜之间成为了年轻人追捧和模仿的对象。"

如果说凡客诚品利用微博营销是一种尝试与创新的话，那么背后的成本与收益之间的悬殊更是匪夷所思，无法估量。140 个字的成本换来的却是

12 万次的关注度，还有不计其数的模仿版本。

从上面的成功案例可以看到，营销费用的投入自始至终伴随着收益与风险，一些企业重金聘请明星代言，投放大量广告，最后可能颗粒无收，只是打了个水漂；而有些企业的广告营销则帮助企业重振旗鼓，东山再起。更有如凡客诚品这样的电商企业，敏捷的踩准了市场节拍，小小的投入却起到了四两拨千斤的作用，为企业创造了巨额的经济利益。

信息在互联网时代中呈几何级数的增长，其最大的特点就是快，新生事物层出不穷，新的营销概念还会接踵而至，也许微博营销会有过去的一天，但可以断言的是，还会有无数个"凡客微博"不断涌现。

【商学院点拨——销售费用】

在财务上，广告费用被计入销售费用。销售费用是指企业销售商品和材料、提供劳务的过程中发生的各种费用。包括保险费、包装费、展览费和广告费、商品维修费、预计产品质量保证损失费、运输费、装卸费等以及为销售本企业商品而专设的销售机构（含销售网点、售后服务网点等）的职工薪酬、业务费、折旧费、固定资产修理费等费用。

概括起来，销售费用可以分为两大类。第一类为企业专设销售机构而发生的费用，如销售网点工作人员发生的工资津贴、福利费、办公场所的租金、固定资产的折旧费等；另一类为企业销售某一件或某一批产品而发生的费用，如包装费、运输费、装卸费、保险费以及广告费、质量保证等。

销售费用根据其是否与销售数量相关，可以分为固定销售费用和变动销售费用，固定销售费用不随销售数量的增加而增加，如销售网点人员工资、固定资产折旧等；而变动销售费用则与销售数量存在明显的正比例关系，例如，当销售数量增加时，包装费、装卸费等也会随之增加。

图书在版编目(CIP)数据

问道财务:28 招提高利润的秘技/向杨,马郭亮编著 . —成都:西南财经大
学出版社,2013. 1
(财务老鬼)
ISBN 978 - 7 - 5504 - 0898 - 2

Ⅰ. ①问…　Ⅱ. ①向…②马…　Ⅲ. ①企业管理—财务管理—案例
Ⅳ. ①F275

中国版本图书馆 CIP 数据核字(2012)第 291775 号

问道财务:28 招提高利润的秘技

向　杨　马郭亮　编著

策　　　划:谢廖斌
责任编辑:植　苗
封面设计:袁　海
版式设计:台湾崧博文化
责任印制:封俊川

出版发行	西南财经大学出版社(四川省成都市光华村街 55 号)
网　　址	http://www. bookcj. com
电子邮件	bookcj@ foxmail. com
邮政编码	610074
电　　话	028 - 87353785　87352368
照　　排	四川胜翔数码印务设计有限公司
印　　刷	四川新财印务有限公司
成品尺寸	170mm × 230mm
印　　张	9. 5
字　　数	120 千字
版　　次	2013 年 1 月第 1 版
印　　次	2013 年 1 月第 1 次印刷
书　　号	ISBN 978 - 7 - 5504 - 0898 - 2
定　　价	28. 00 元